レセプト管理論

Receipt Management Theory

［監修］
一般社団法人
日本レセプト学会

［著］
大友　達也
小熊　英国
加藤　淳
黒野　伸子
酒井　一由
坂本ひとみ
住谷　剛博
内藤　道夫
服部しのぶ

同友館

執筆者一覧

【監修者】
一般社団法人　日本レセプト学会

【著　者】五十音順
大友　達也　就実短期大学
…………… 巻頭言，第1章1-1-2，1-1 5，1-2，1-4，第2章2-2，おわりに

小熊　英国　グロービス経営大学院大学 ……………………… 第4章

加藤　淳　高知工科大学大学院博士後期課程……………………… 第7章

黒野　伸子　宮崎学園短期大学……… 第1章1-1 1〜4，1-2，1-3，第9章

酒井　一由　藤田医科大学 ………………………………………… 第8章

坂本ひとみ　神戸医療福祉大学……………………………………… 第5章

住谷　剛博　日本福祉大学，トヨタ記念病院………… 第2章2-1，第6章

内藤　道夫　鈴鹿医療科学大学……………………………………… 第3章

服部しのぶ　鈴鹿医療科学大学……………………………………… 第8章

（2021年4月現在）

第1章資料提供
　　図1-4：**小寺　登**
　　図1-6：**湯浅大司**　設楽原歴史資料館
第1章資料翻刻
　　図1-5：**石川　寛**　名古屋大学

巻頭言

大友　達也（日本レセプト学会理事長）

　本書の発刊は日本レセプト学会の誕生と密接に関わっている。学会の誕生は2017年10月1日，その前には学会創設のための準備として5年間の準備期間がある。学会設立の必要性を感じたのは，さらに遡る10年ほど前である。学会誕生まで，なぜ長きにわたる期間を要したのか，そして，なぜレセプト学会という名称であるのか，なぜこのような学会が必要であるのか，この本の誕生背景として説明しておきたい。

　大学など高等教育機関での教育が始まるまでの間，レセプトはこれまで応用科学，学問ではなく，実務領域の職業技能としての学習として専門学校，各種学校で教育されていた。

　しかし，時代は変わり，専門学校は専門士の称号を授与し，大学院と接続するようになり，短大，大学で資格取得する機会が広がり学問を教える場でレセプト教育がカリキュラムに組み込まれるようになった。レセプトに関する知識は，おおむね医療事務職を想定した資格として位置づいているため，特定職業における実務技能科目として存在しており，学問の応用科学科目として位置しているとは考えにくかった。この職業に就いた場合に必要な事務一般知識とレセプトに必要な知識を積み重ねて，カリキュラムが構成される。医療法などをはじめとする法律，医療保険制度などの社会保障の仕組み，簿記や会計に関する知識，医療情報などの理論や演習，解剖学など医学の知識，薬理学，臨床検査などのほか，倫理学，医療社会学，関連する社会福祉，介護保険の知識，経営，経済など幅は広い。

　多様な専門科目のなかに，医療保険請求に関する科目を配置されるこ

とになるが，技能科目としての性質があるため，科目名は統一されておらず，科目名称は医療保険請求演習，医療保険演習，診療報酬演習，医事演習，診療報酬実務演習，メディカル演習などさまざまで，演習科目として位置づいているものも多い。なぜ，科目名が多種多様で統一性がないのか，それは理論が構築されていない，あるいは学問である応用科学として位置づいていないということは考えられる。

　そして，大きな問題がある。第1に，この分野の資格は国家資格ではなく資格団体がさまざま存在すること，第2に，レセプトに関しての科目として統一させる専門職団体がなかったことが挙げられる。後者の事情は，学会を創設するトリガーになっている。

　学会はレセプトを学問にするうえで重要であるとともに，科目名の統一性をもたらすうえで必須と考えられる。かつて看護学が誕生したように，レセプトにおいてもなんらかの名称で学問が誕生してもおかしくはない。医療事務のコアとなるこの科目はあたり前のように，実務の域から抜け出すことがなかった。しかしながら，診療報酬はもはや医療事務の科目に付随した科目ではない。レセプトデータを分析して医療を分析するための基盤となる独立した科学であり，医療事務以外の分野の人々がレセプトを利用しうる。さらに，付け加えて，この分野は自然科学ではなく，明らかに人工科学である。ゆえに，そのものが示す価値を特定分野の専門家以外の人が見出すことが当時できなかった。そのため長い年月をかけてしまったことを否めない。

　第1章でも述べているが，学会がなかったことはある意味でこの分野の科学的発展を遅らせてしまっている。「レセプト」の定義が不明確で，時代に合わせた定義の更新がない，用語が極めて国内に特化しており国際的視野にたった文献が少ない，そもそも用語辞典がなく，用語を英語で標準的に表現できていない（例えば初診料を英語で表現するのは個人差が生じるため，標準化できていない），そのうえ海外比較が乏しい，

歴史的研究がない，医療事務養成における教育方法の研究の不足，そして根底には発表する専門分野の学会がなく，研究者も少ないなど，非常に多くの課題を抱えてしまった。2019年に日本最古の明細書を岐阜県で学会が総力を挙げて発見，全国ニュースになったのは，学会が誕生してわずか2年目のことで，学会の誕生がいかに必要であったのかを証明したかのような結果である。

　本書は日本におけるレセプトをベースにしているが，医療保険制度が整備されている多くの国にもレセプトに相当するものが存在している。国による自己負担無料の仕組みであっても，医療費の計算は国の財政管理においても必要不可欠である。医療機関が国際化していくとすれば，医療費もなんらかの形で国際化していくことを想定しなければならない。それに備える為にも，この分野の研究はますます重要となる。単なる医療費等の研究学会と思われがちであるが，日本レセプト学会の国際研究事業は，「世界の健康」「人類の健康」を支える活動と言っても過言ではない。

刊行に寄せて

田尾　雅夫（京都大学名誉教授）

　本書を読みながら，もっとも身近にありながら，関心を向けることもなく，スルーしてしまいそうな，というよりも窓口で診療明細書を受け取りながら，その次には何の造作もなく，カバンの中かポケットの中に入れてしまってもう用済みという紙片に，これほどの意味があったことにまず驚いた。

　そして，次の瞬間，私たちは幸せな社会に生きているという気分に浸れたのである。その紙片に何の疑いもなく，大げさに言えば，この小さな紙一枚に人生を託して，互いが信用し合うという，この社会の健全さを表象しているようで，私たちの社会は捨てたものではないと思ったのである。

　本書の意義として，その小さな紙片に，これほどの学問的な意義があるのか，それを解明したことに驚いた。執筆者たちの，目の付け所がよいのか，押さえどころがよいのか，敬服に値することである。レセプトについて，当然，多くの知識を得たが，それだけではなく，私たちの日常に隠された，気がついていない何か，見過ごしてしまいそうな何かを探してみたいという気にさせる書物である。

　身の回りにスルーしている何かがないか，見過ごしてしまうと，何かを失ってしまうのではないか，それを考えさせる機会を提供してくれた。読み終わった瞬間，何かないかと探そうとしていたのである。

　何気ない日常の出来事が重要であることを示してくれた一冊である。

中林　梓（株式会社ASK梓診療報酬研究所　代表取締役社長）

　レセプトを学問として捉えた画期的かつ革新的な本です。今まで医療事務の用語として捉えていた方にとって，本書はまさに新たな世界を見せてくれます。

　その学術的価値は大きな広がりを持ち，あらゆる分野，例えば　科学，社会学，経済学，経営学等に繋がることを知るでしょう。さらに専門用語が多用される医療・介護の世界と一般人（患者・国民）の「意識や理解の橋渡し」の重要性に気づかされる鋭い視点に感銘を受けます。

　医療に無関係の人はいません。今後益々医療費のデータ分析は進んでいきます。介護保険でも科学的介護というデータ収集とフィードバックの仕組みが導入されました。

　今後高齢化の進展と働き手の減少という大きな問題を抱える今こそ，是非このレセプト管理の新たな発想の本書を読むべき必然性があります。

もくじ

第1章
レセプト管理とは

1-1. レセプトとは

「今日の治療費，高い気がするんだけど‥‥」
「ここに書いてある治療費の意味がわからないから教えてもらえますか?」

　医療機関で働いている読者の方々は，患者からこのような質問や疑問を受けたことがあるかもしれない。これは医療費の仕組みが複雑で，診療報酬に関する知識がないと説明できない患者対応の一例である。患者は医療費の内容を十分に理解できないままに会計を済ませていることが多い。請求された金額は正しく計算されているのだろうか，と患者が疑問を持つことも不思議ではない。国民皆保険とはいえ，患者が医療保険制度をすべて理解しているわけではないのである。医療費の仕組みが分かりづらいため，平成22（2010）年4月から診療明細書の発行が義務付けられたが，その内容は，「診療報酬明細書（図1-2，1-3）」に準じて記載され，病名の記載はない。また，計算の根拠も説明も示されていないため，患者が内容を理解するのは難しい。しかも近年，外国人の患者も増加しており，医療保険制度を熟知し，適切な説明ができる職員の存在は，患者にとってとても心強いものである。

　本章では，保険医療機関の収入に不可欠な「レセプト」についての概要を述べる。

1. レセプトのあらまし

　傷病等による受信時において準備するものは何であるか。多くの人は保険証，お金，お薬手帳等を思い浮かべるだろう。保険証は正式には被保険者証といい，医療保険に加入している証明書である（木津（2016），

pp.15-16）。わが国では，すべての国民が何らかの公的医療保険に加入しているので保険証は当たり前の存在になっているが，重要な書類なのである。

　保険証があれば，患者は最大3割までの負担で医療を受けることができ，多額の支出を抑えることができる。保険医療機関では，残りの7割を保険者へ請求するために1か月ごとに医療費の請求書を作成し，提出する。その流れを図1-1に示す。請求の際に作成する帳票を診療報酬明細書といわれてきた。この帳票は一般にレセプトと呼び慣らわされており，レセプト作成は医療事務員等の重要な業務のひとつである。医療事務とレセプトは密接な関係があり「医療事務＝レセプト作成者」という理解がされていることも少なくない。近年電子カルテが深化することで，

【図1-1】診療報酬請求と支払いの流れ

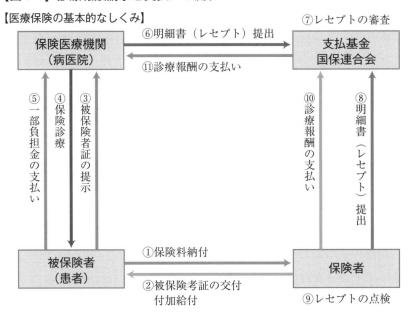

【医療保険の基本的なしくみ】

（出典）藤田医科大学医療科学部医療経営情報学科編（2008），p.6

3

医師もレセプト作成者となり，変化していくことが予想される。薬局事務や介護事務などもレセプト作成に含まれるため，レセプト作成者を単に医療事務とは表現できなくなっている。本稿では，レセプト作成者を上記事情を強調し表現する際に，「算定者」と表現し，以降文中では便宜上わかりやすくする為，医療事務と表現する場合があるが，ご留意いただきたい。

2. レセプトの定義

　レセプトの定義は古くは患者が受けた保険診療について，医療機関が保険者に請求する診療報酬の明細書とされていたが，情報化が進み，介護保険が始まり，更に医療分業により保険薬局が急増した現代において，このような定義は時代にマッチしなくなった。新たなレセプトの定義を標準化させるため，日本レセプト学会は以下のような定義を示した。

レセプトとは，医科診療報酬，歯科診療報酬，調剤報酬，介護報酬，訪問看護の報酬におけるそれぞれの社会保険への請求文書，（帳票）およびそれぞれに記載された情報と記載される情報の総称をいう。
　　　　　　　　　　2019年9月26日　一般社団法人日本レセプト学会

　この定義からわかる通り，請求文書（帳票）だけではなく，記載された情報と記載される情報を含んでいることとなる。記載される情報とは，コンテンツを意味し，これにより，電子レセプトという表現はレセプトに含まれることとなる。記載される情報とは，1か月分の請求になる前段階の未完成の状態を含んでいることを意味する。デジタル化時代において，データの加工が容易となり，請求以外の目的に再利用されることを想定している。3章で述べるが，NDBのデータ活用としてレセプト研究は期待されるが，その活用されるデータの医療点数はレセプト

からの再利用された点数であるため，これらを含むことを意味する。再利用された点数はそもそもレセプトのために存在している単位である。つまり，レセプトに従属していると言っても過言ではない。

　レセプトに記載される医療費は，原則として点数で表され，計算は診療報酬点数表等を根拠として行われる。診療報酬，調剤報酬は原則として2年ごと，介護報酬は3年ごとに見直されるので，医療事務員等は改定に関する情報収集に努める必要がある。医療費が大きく変わる項目については，院内に掲示するなど，患者の理解を得ることも医療事務員としての重要な業務の一つである。外国人患者のために院内表示，掲示物，書類の外国語表記をする工夫も必要である。

　現在レセプトは「医科」「歯科」「調剤」「介護」「訪問看護」の5種類があり，その他労災保険請求の際に用いる労災レセプトがある。それぞれ算定方法や様式は異なるが，A4版（日本工業規格A列4番）白紙に黒字印刷と定められており，医療機関の都合で様式を変更することはできない。医科レセプト様式は外来用と入院用の2種類がある（図1-2,1-3）。作成は保険医療機関ごとに1人の患者につき原則として1通を作成するが，同一医療機関内で同一月内に「加入保険が変更された」「退院後に外来で通院している」「外来で通院していたが入院した」等の場合は複数のレセプトを作成する。レセプト手書きで作成する際は黒か青のペンを用い，訂正は二重線を用いるなどの決まりがあるが，現在はレセプト作成の専用機（レセプトコンピュータ）やレセプト作成ソフト，電子カルテを用いることが多く，手書きのレセプトは珍しくなった。近年，レセプトの電子化が急速に進んでおり，2020年1月分で98.5％が電子レセプト，1.5％が紙レセプトでの請求である。このデータを見るとペーパーレスが進んでいるようにみえるが，わが国の診療報酬制度は複雑で，各医療機関等の設定や経営方針にも関わる点が多いため，レセプトは必ずレセプトを理解した専門の算定者の手で点検しなければなら

5

【図1-2】外来用レセプトの様式

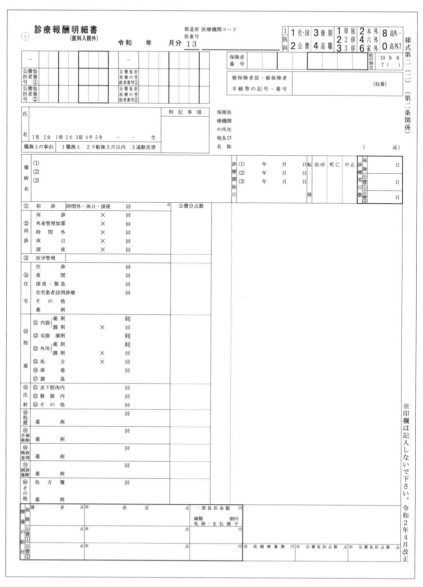

【図1-3】入院用レセプトの様式

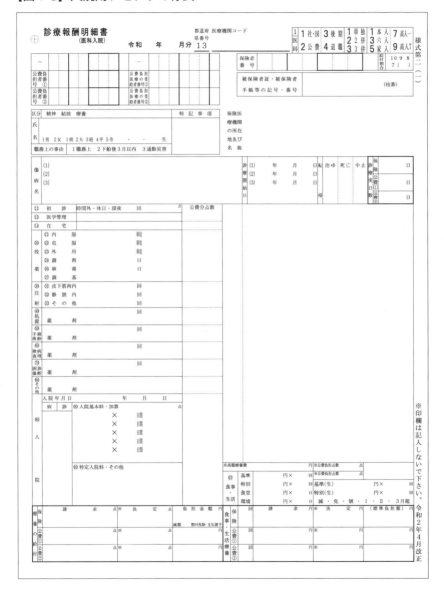

ない。コンピュータの画面上では見落としが多く，点検しづらいため，紙レセプトで点検しているところが少なくない。

　しかし，この紙での点検もいずれ消え，変化していくことが予想される。その例えとして，「手紙」と「メール」で説明する。手紙は物理的「紙」としての存在であり，手紙といえば記載された内容も含んでいるが「紙」の存在イメージが強い。しかしメールは物的なイメージがなく記載された文，コンテンツを意味する傾向が強い。そして，画面上で文のチェックを行い，紙に印字してチェックはしない。レセプトも，紙ではなくコンテンツとしての意味が今後強まると考えられる。従って，今後は画面上でのチェックが主流になると考えられる。

3. レセプトの歴史

　健康保険法は大正11年（1922年）に公布，昭和2年（1927年）に施行された。大正15年（1926年）には医療費の点数制案が日本医師会から提案された。被保険者は工場法，鉱業法の適用を受けた事業所に限られ，給付は被保険者のみであった。したがって，制度の恩恵を受けられたのは就業人口の7％にも満たなかった（青柳（1996），pp.482-552）。制度以前，患者は医療費を全額医療機関に支払う「自費診療」であったが，医療費は地域の医師会で定められ，運用されていた。治療には多額の費用が必要なため，庶民のハードルは高かった。神立（1985）によれば，明治37（1904）年当時の岡山県赤磐郡西高月村における農村民一戸あたりの年間収入31円45銭のうち，3円16銭7厘が医療費（売薬代含む）として計上されており，かなりの負担であったことがわかる[1]。

　レセプトの概念がなかったため，医療機関は自院で領収証の様式を作成し，患家に交付していたようだ。岐阜県大垣市の旧家小寺家には，約9000点の「小寺家文書」が伝来しており，名古屋大学附属図書館研究開発室が調査・整理し，2012年に目録を刊行した。そのうち，医療に

関する文書が約100点伝わっている。

　2019年9月，日本レセプト学会が，明治41年（1908年）に作成された「薬価及手術料明細書」9点を確認した。虫垂炎で入院していた当主長女の診療明細書である。所有者小寺登氏の許可を得て調査を開始した結果，治療内容の記載された書類が患家宛に発行されていたことが判明した（黒野・石川・大友（2020））。明治期に医療費の明確な会計が実施されていたことは画期的な発見であるといえる。図1-4，1-5に明細書画像および翻刻を示す。医療費の項目ごとに価格が記載され，預り金から差し引く方式で清算していたことが分かる。入院料，薬剤料は一定期間ごとに会計されており，明細には，手術，処置，薬剤，材料代等の項目ごとに金額が記載されている。診療報酬体系やレセプト様式の萌芽がみられ，興味深い資料である。

　その後，昭和13年（1938年）に国民健康保険法が制定され，徐々に法整備が進んでいった。昭和36年（1961年）には国民皆保険を達成しているが，当時のレセプトはB5版（日本工業規格B列5号）で保険ごとに用紙と印刷の色が異なっていた。様式がA4版に変更されたのは1997年（平成7年）であり，現在まで修正を重ねながら使用されている。

4.レセプトの様式と記載事項

　レセプトは，医療費を請求するための帳票であると同時に，当該月に実施された治療の一覧表である。医科外来レセプト各部の名称を例に解説する（図1-10）。各部の役割を理解しよう。

①上書き‥‥患者情報，傷病名，傷病の転帰（疾患・怪我などの治療における結果）を記入する。「頭書き」ともいう。
②摘要欄‥‥診療の明細，診療点数の内訳を記入する。傷病名につい

【図1-4】「薬価及手術料明細書」

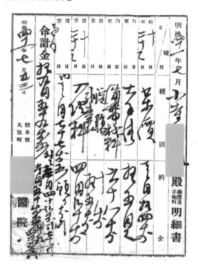

明治41年（1908年）7月23日発行
画像の一部を修正している（筆者注）
資料提供：小寺登

【図1-5】「薬価及手術料明細書」翻刻

明治四十一年七月　小寺　殿

薬価及手術料明細書

日／種目　　種別　　料金
薬価　壱円拾四銭
大手術　拾五円也
繃帯材料　六十八銭
浣腸　十銭
氷嚢　拾五銭
入院料　四円弐十銭

差引金拾九円五十九銭五厘
内壱円七十七銭五厘　外二壱円四十弐銭　氷七十一
壱円五十銭五厘　牛乳四升三合代

明治四十一年七月廿三日
病院㊞
惣計弐十弐円五十弐銭

翻刻：石川寛

10

【図1-6】「列設布篤」表紙

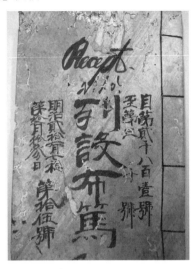

信玄病院発行　明治27年（1894年）
資料提供：湯浅大司（設楽原歴史資料館）

【図1-7】「列設布篤」内部

信玄病院発行　明治27年（1894年）
資料提供：湯浅大司（設楽原歴史資料館）

【図1-8】旧レセプト様式　社保本人単独（入院外）

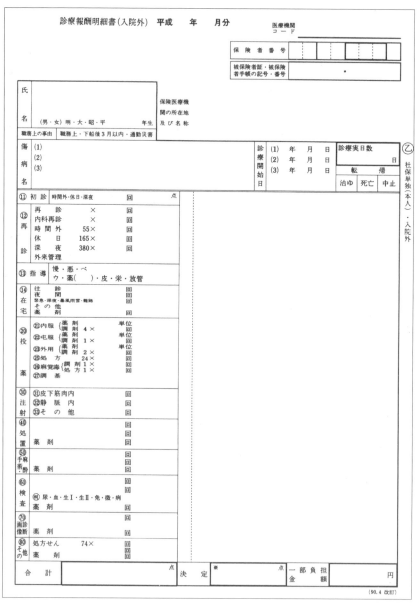

平成2年（1990）年4月発行。資料提供：筆者

12

【図1-9】旧レセプト様式　社保本人単独（入院）

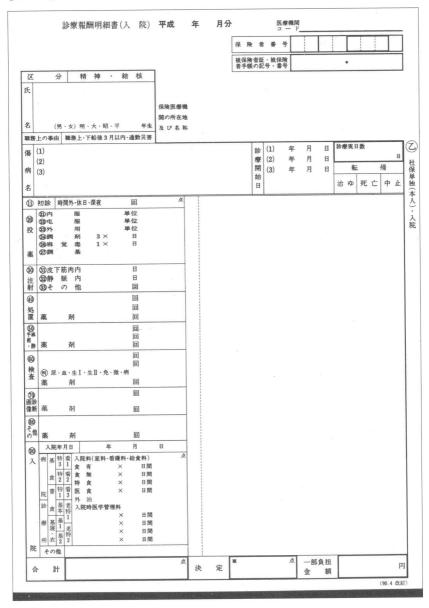

平成2年（1990）年4月発行。資料提供：筆者

【図1-10】レセプト各部の名称［医科外来］

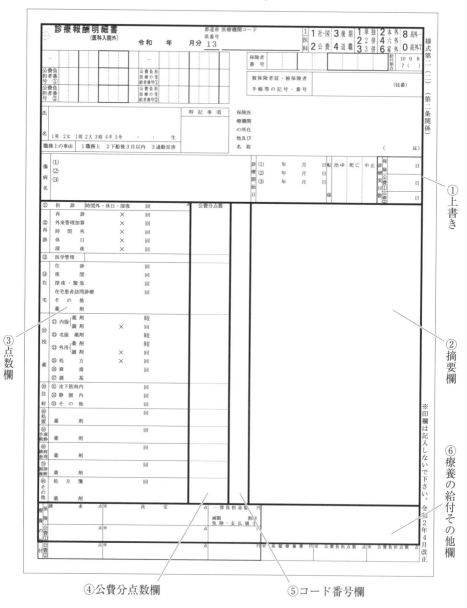

④公費分点数欄　　　　　　　　　⑤コード番号欄

て，どのような診療を行ったかを明確にする欄である。算定の根拠，理由を注記することもある。レセプト審査が重点的に行われる箇所でもあるため，正確な記載が求められる。医療事務の資格試験では摘要欄の記載が正しくできることを審査する問題が多い。したがって，教育機関では，現在でも手書きの教育が行われている。診療報酬の複雑な仕組みを学ぶには良い学習法の一つである。

③点数欄‥‥摘要欄に記載された内容を集計する欄である。項目ごとに合計点数を算出する。

④公費分点数欄‥‥公費負担医療に係る点数がある場合にのみ記入する。

⑤コード番号欄‥‥各診療項目にはコード番号が振られている。点数の明細を記入するとき，コード番号を併せて記載し，診療区分を明らかにする。

⑥療養の給付・その他欄‥‥請求点数等を記入する。※のついた枠は審査側が使用するので記入してはならない。

5. レセプトのフォーマットの相違

　前項では医科レセプトの様式と記載事項を説明したが，歯科，調剤のフォーマットとは大きな違いがある。特に着目すべき点は，歯科診療報酬明細書の様式である。数値化された項目があらかじめ印刷されており，該当する項目を選択し，横計の合計点数と縦計の合計点数が算出できる構成になっている。

　これとは対照的なのが調剤報酬であり，選択ではなく記載がメインである。医科，歯科，調剤のそれぞれのレセプトは，いずれも医療費を請求するための明細書である。したがって，それぞれの違いは各分野で工夫され，進化した結果であることは言うまでもない。

　しかし，この工夫が逆にレセプトを複雑にさせている一因であると言

【図1-11】歯科レセプト

【図1-12】調剤レセプト

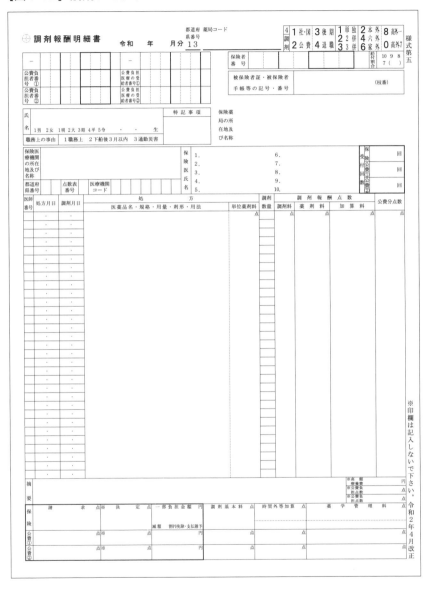

える。手書きの時代から発展し，現代のように情報処理技術が発展していないころからの長きにわたる影響もあり，統一した表現になりにくい。レセプトの標準化をみるには，少なくとも次の3つの性質について触れなければならない。その3つとは，共通性，連結性，互換性である。

　共通性とは，フォーマットが共通で利用できることをいい，連結性はどこかを切り抜いたらその部品が他のレセプトに接続できることである。互換性はフォーマットが標準化されるならば，医科のレセプトを使わなくとも歯科のレセプトでどの程度，代用できる可能性があるかという性質である。

　レセプトの標準化によって，従来の「医科」「歯科」「調剤」「介護」「訪問看護」の各分野において縦割り的な性質をもたず，患者が多数の分野のサービスを受ける際に，標準化されたフォーマットによってより効率的に費用計算ができること，各分野との連携したサービスの実施において複雑になる算定を単純化させる可能性を持つ。

　標準化の必要性の有無について，議論も必要と思われるが，根本的に同一の目的にあるものを別々の方法で作成し，整理され，管理する事に関して，一般論として考えれば単純化させ標準化させることは必要であると言えよう。これからの時代は，レセプトデータを活用した研究も始まっており，各分野のデータを横断的に活用するならば尚更のことである。

6. 医療機関側の視点からみたレセプト

　これまで述べたように，レセプトは患者の医療費を1か月ごとにまとめたもので，医療機関の収入を表すデータであるとともに，医療行為のデータが蓄積されている。近年，電子レセプトが普及するにつれ，レセプトデータの活用が積極的に進んでいる。

　厚生労働省は，「医療費適正化計画の作成等のための調査及び分析等」

に使用することを本来の目的とするが，その他医療サービスの質向上，学術研究の発展に資するための分析・研究等のために積極的な使用を推奨している（厚生労働省（2014））。また，電子レセプトを活用し，被保険者の受診状況をチェックする保険者の取り組みも行われており，医療機関，保険者等の間で連携し，受診指導を行うことも可能となる。

レセプト電子データは，有償で保険者にも提供されており，「保険者の資格確認」「保険者業務の迅速化・効率化」に寄与している。レセプト情報は，1患者に対して行った医療行為のほか，傷病名，診察開始日，診療内容について取りまとめた客観的なデータの集約であり，今後も有益に利用されていくことと思われる。

7. 患者側の視点からみたレセプト

レセプトは原則として医療機関で作成され，保険者に提出される（図1-1）。したがって，通常は患者の目に触れることはない。患者は医療費の明細を知る機会がなく，情報の非対称性は大きくなるばかりであった。そこで，平成10年（1998年）にレセプト開示の制度が発足した。患者から開示請求があった際，診療上の支障が生じないこと等を確認したうえで保険者はレセプト開示を行うことになっている。

医療機関では，平成22（2010）年4月から「診療明細書」という名称の書類を領収書とは別に交付している。現行の「保険医療機関及び保険医療養担当規則（以下療養担当規則と記す）には，「患者から求めがあつたときは，正当な理由がない限り，（中略）費用の請求に係る計算の基礎となった項目ごとに記載した明細書を交付しなければならない。」（医学通信社（2018），p.1491）とあり，診療明細書の発行が義務付けられている。

医科診療報酬点数表には，「個別の費用の計算の基礎となった項目ごとに記載した明細書の発行等につき（中略）保険医療機関（診療所に限

る。）を受診した患者については，明細書発行体制等加算として，1点を所定点数に加算する。」（医学通信社（2018），p.48）と定められ，医療保険制度下で患者が診療明細を把握できるようになったのはごく最近のことである。診療明細書の様式は，見やすい工夫はされているものの，レセプト様式をほぼ踏襲している。また，診療の内容表記も診療報酬点数表の項目をそのまま用いているため，難解で患者にとっては理解しづらい。医療事務員等は，患者の質問に対応できる診療報酬の知識を身に着けておく必要がある。

1-2. レセプト管理（レセプトマネジメント）

　レセプト管理の目的は大きく分けて2つある。第1にレセプト業務を適切に行うこと，第2にレセプトを経営戦略や研究など多目的に応用するためにある。

　レセプト管理はその性質から「質的管理」や「物的管理」に分けられる。そして，この2つを実施できる組織などのマネジメントが必要である。質的な管理は記載内容のミス，不当な請求や不正な請求とならないこと，算定のルールに適合していること，これら，コンプライアンスに関する管理を指す。物的管理とは，明細書のフォーマットや保存に関する管理（ファイリングや情報システム含む）を指す。物的管理や質的管理は後者の目的においても記録としてデータを保管，管理することとなる。質的管理やマネジメントについては2章以降で触れることとし，ここでは物的管理についてを中心に述べる。

　レセプトは，患者の個人情報が盛り込まれているため，その管理には慎重を期さねばならない。レセプトは診療の翌月10日までに作成し提出するので，月末月初にかけて作業を行うため，医療機関にとっては多忙な時期である。現在では電子レセプトが中心で，紙レセプトでの提出はほとんど行われなくなったが，紙レセプトを打ち出して点検作業を行う医療機関が多い。その場合，電子データの他，大量の帳票が残ることになる。したがって，医療機関は点検作業期間のレセプト保管，不要レセプトの廃棄等の際，患者の個人情報が洩れることがないように十分留意しなければならない。医療機関では，点検専用の部屋を設け，「レセプト点検中」の掲示をドアに掛け，関係者の立ち入りを禁止するなどの対策を講じている。

　医療事務員等は，患者情報が漏洩することのないように「個人情報保護法」を学習しておく必要がある。紙レセプトを扱う際は，ファイリングの技能も必要となる。ICT化が急速に進んでおり，ペーパーレス化しているが，現状はアナログ作業と共存しながら業務を遂行しているところもみられる。

1-3.情報更新管理

　医科診療報酬点数は，原則として2年に1度，介護報酬点数は3年に1度の改定がある。診療報酬は，改定の前年の秋以降，医療部会において法律改正に必要な議論および診療報酬改定の基本方針についての議論が開始される。12月初旬に社会保障審議会医療保険部会及び医療部会において基本方針が策定される。基本方針に従い，中央社会保険医療協議会（中医協）において，診療報酬点数の修正，項目の削除・新設等に係る審議がなされる。1月に厚生労働大臣の諮問があり，2月に中医協が答申を行い，3月上旬に診療報酬改定に関する告示・通知がなされる。

この間，厚生労働省のホームページには，改定に伴う情報が順次掲載される。中医協は，1月末に診療報酬改定案の個別改定項目をホームページで掲載する。これを短冊と呼ぶ。3月中旬には白本と呼ばれる改定の速報版が出版される。診療報酬改定は，医療機関の収入を左右するので，医療事務員等はこれらの情報をいち早く入手し，理解しておくことが大切である。3月ぐらいから実施される各種改定セミナーや講習を利用することも有効である。同時期に医事ソフトや電子カルテの更新作業も行われる。

医療機関では4月から新点数での運用が始まるため，算定法が変わった項目，改定された点数等患者に影響する内容はホームページで告知する，院内に掲示する等の周知を行うとよい。

1-4.これからのレセプト

すでに，レセプトの定義に触れたが，ここでは，レセプトの定義が更に変化しうることを考えていくことにしよう。レセプトの定義やレセプトの扱いに関しては，これまで議論はほとんどされてこなかった。レセプトは今後，概念の大きな変化，いわゆるパラダイムの転換が発生しうる。端的に言えば，レセプトの存在は医療機関のためのものではなくなり，定義の再構築を必要とする時代に差し掛かっているといえる。

レセプトの再定義
1　多様化
2　ICT化
3　国際化
4　連携化
5　専門分化
6　資料化

　第1に，多様化である。医薬分業が進み，調剤報酬が普及し，介護保険制度が誕生し，福祉分野においても請求明細書を作成するようになった。このような多様化にあわせてレセプトの意味を再定義しなければならない。診療報酬請求明細書だけがレセプトであると断定できなくなっている。現代では医療保険上の請求だけではなくなり，介護保険を含めることで，社会保険全体における請求として再定義されることになる。

　第2に，ICT化である。電子カルテや電子レセプトの普及を意味する。レセプト作成技術は3世代に渡り発展してきた。第1世代は「手書き作成」の時代である。手書きの中でいかに正確に効率よく作成するかを目標に工夫され，略称などが生みだされ記号化されてきた。第2世代は「電子化」の時代への変遷過程である。この世代では，特に点検能力が求められた。次の世代では，「事務的な点検は不要」となり，第3世代として，いずれ精度の高い電子カルテと一体化したソフトウエア，高度なAI技術の活用で，正確に算定されたレセプトの応用的活用，患者への説明の時代（レセプト開示や生涯学習）へ推移しつつある。今後，デジタル化によって点数改定は容易にしやすくなるため，フレキシブル化すると考えられる。必要に応じて毎年更新するようになることが考えられる。すでに，これに対応できるICT化は進んでいる。

　第3に，国際化である。外国人患者への料金説明には，診療報酬を外国語で説明できる能力が必要となる。そして，海外の医療費のしくみ，医療保険制度などの知識も必要となりレセプトは国内だけの，医療機関個別レベルのものではなくなってきている。海外の医療機関と連携するうえでも，事務連絡には外国語のコミュニケーションスキルが必要である。今後は医療費における国家間の差を分析する上で，医療費計算の方法論にレセプトが関わることも考えられる。レセプトの概念がない，あるいはレセプトと表現しない国との間で，医療費等の計算上便宜的に国際標準語として「レセプト」が用いられることを期待したい。

第4に，連携化である。診療報酬の医科と歯科，調剤報酬，介護報酬，訪問看護は互いに関連を持っており，包括した医療が今後重要になる。患者一人の医療費計算において横断的にレセプトを構築しなければならない可能性を秘めている。

　第5に，専門分化である。事務職においてレセプトの知識を持つ者への高次元での期待がある。例えば，患者へコスト意識をもってもらうための生涯学習講師はレセプトの知識のある事務職が適任である。不正請求問題に関しては，事務に管理責任を持たせることで事務に一定の権限が持てるようなる。事務が不正請求管理責任を問われるとなれば，不正請求は減るかもしれない。これからの人材は算定のプロから，活用のプロへシフトする可能性は大いにある。

　第6に，資料化である。レセプトが研究資料としての価値を持つことが，今後重要となる。レセプトによるビッグデータの活用は，多様な角度で医学的，医療・福祉社会学的，医療・福祉経営，医療福祉経済学的研究を可能にする。その取扱いができる研究者は今後ますます必要になるであろう。

　このように，レセプトはその価値を高めながら，大きく変化しつつある。適切にレセプトを保管し，適切に活用でき，管理できる知識や技術はますます必要になる。

［注］
（1）明治37（1904）年に西高月村農村会が実施した農村民の生活実態調査による。

［参考・引用文献および参考URL］

青柳精一（1996）『診療報酬の歴史』思文閣出版

青柳精一（2011）『近代医療のあけぼの　幕末・明治の医事制度』思文閣出版

石川寛（2019）「近代における高木家文書の調査と活用」『名古屋大学附属図書館研究年報』（16）

医学通信社編（2018）『医科診療点数早見表』医学通信社

木津正昭（2016）『最新　医療事務入門』医学通信社

黒野伸子・石川寛・大友達也（2020）「小寺家文書にみる明治後期の地域医療（1）─日誌から読み解く患家の医療行動」『レセプト論考』第2号掲載予定，2020年3月31日受理藤田医科大学医療科学部医療経営情報学科編（2008初出）『早期臨地体験実習の手引き』

坂井健雄編（2019）『医学教育の歴史　古今と東西』法政大学出版局

中川輝彦・黒田浩一郎編著（2016）『よくわかる医療社会学』ミネルヴァ書房

守本とも子編（2020）『看護職をめざす人の社会保障と社会福祉　第2版』みらい

厚生労働省（2014）「レセプト情報・特定健診等情報データの利活用の促進に係る中間とりまとめ」
https://www.mhlw.go.jp/file/05-Shingikai-12401000-Hokenkyoku-Soumu-ka/0000042585.pdf（2019年12月取得）

第2章
レセプト・コンプライアンス

一般論として，経営者，管理者はコンプライアンスを重視したマネジメントに努めなければならない。経営に関しては国や地域による差異はあるかもしれないが，自然法として，金銭収受には「払う側」と「受け取る側」との間に不透明な性質，不正な点があってはならないと考える。

本章では，病院，診療所，福祉施設などの医療機関でレセプトに関係したコンプライアンスについて学ぶ。レセプトに関するコンプライアンスは大きく，2つに分けて整理したい。ひとつ，セキュリティに関するコンプライアンス，そして，もうひとつは不正請求防止に関するコンプライアンスが挙げられる。

2-1.セキュリティに関するレセプト・コンプライアンス

1.はじめに

現在，IT化が進む中で外部による標的型攻撃メールやウィルス感染，認識不足による誤操作，さらには内部からの不正アクセスに至るまで，私たちはさまざまな危険に曝されていることは皆さんもご承知の通りである。そして，情報漏えいの約8割は内部の人的行為が引き起こしていると言われている。冒頭から脅かすつもりはないが，このことからも情報漏えいやセキュリティなど内部対策が極めて重要であることはお解りいただけるであろう。

2016年1月からマイナンバー制度開始によって，多くの自治体が情報漏洩に対する危機意識を持ち，セキュリティ対策や人材育成・組織体制強化が行われるようになっている。

一方，病院に目を向けると従来の紙媒体から電子カルテシステムの普及（図2-1）とともに医療系部門（放射線，リハビリ，薬剤，生理検査，透析，手術など）とのシステム連携が強化され，医療機関の規模に関わ

【図2-1】 厚生労働省ホームページ：医療分野の情報化の推進について

電子カルテシステム等の普及状況の推移

電子カルテシステム

	一般病院 （※1）	病床規模別			一般診療所 （※2）
		400床以上	200〜399床	200床未満	
平成20年	14.2% (1,092／7,714)	38.8% (279／720)	22.7% (313／1,380)	8.9% (500／5,614)	14.7% (14,602／99,083)
平成23年 （※3）	21.9% (1,620／7,410)	57.3% (401／700)	33.4% (440／1,317)	14.4% (779／5,393)	21.2% (20,797／98,004)
平成26年	34.2% (2,542／7,426)	77.5% (550／710)	50.9% (682／1,340)	24.4% (1,310／5,376)	35.0% (35,178／100,461)
平成29年	46.7% (3,432／7,353)	85.4% (603／706)	64.9% (864／1,332)	37.0% (1,965／5,315)	41.6% (42,167／101,471)

オーダリングシステム

	一般病院 （※1）	病床規模別		
		400床以上	200〜399床	200床未満
平成20年	31.7% (2,448／7,714)	82.4% (593／720)	54.0% (745／1,380)	19.8% (1,110／5,614)
平成23年 （※3）	39.3% (2,913／7,410)	86.6% (606／700)	62.8% (827／1,317)	27.4% (1,480／5,393)
平成26年	47.7% (3,539／7,426)	89.7% (637／710)	70.6% (946／1,340)	36.4% (1,956／5,376)
平成29年	55.6% (4,088／7,353)	91.4% (645／706)	76.7% (1,021／1,332)	45.6% (2,422／5,315)

【注　釈】
（※1）一般病院とは、病院のうち、精神科病床のみを有する病院及び結核病床のみを有する病院を除いたものをいう。
（※2）一般診療所とは、診療所のうち歯科医業のみを行う診療所を除いたものをいう。
（※3）平成23年は、宮城県の石巻医療圏、気仙沼医療圏及び福島県の全域を除いた数値である。

出典：医療施設調査（厚生労働省）

（出典）https://www.mhlw.go.jp/stf/seisakunitsuite/bunya/kenkou_iryou/iryou/johoka/index.html（令和2年4月取得）

らず画像や各検査レポートなどの実施結果が即座に電子カルテで閲覧できるようになっている。また，患者IDを基に全ての受診情報が繋がって，最終的にレセプトや会計時の診療明細書という形で情報提供されている。

　地域を取り巻く医療体制も地域包括ケアシステム（図2-2）や遠隔医療（図2-3）を中心に医療と介護の一体化がより一層加速していく中で，地域全体で患者を支え合う手段としての地域医療連携ネットワークシステムがますます期待されている。そんな中，これまで以上にセキュリティ管理を十分講じたうえで，何を目的にどういうシステムを最適化していくかが極めて重要な課題と言える。また，IT・情報通信技術の普

【図2-2】 厚生労働省　地域包括ケアシステム

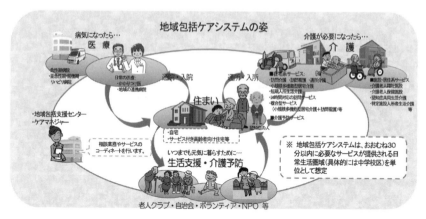

（出典）https://www.mhlw.go.jp/stf/seisakunitsuite/bunya/hukushi_kaigo/kaigo_
　　　　koureisha/chiiki-houkatsu/（令和2年4月取得）

【図2-3】 厚生労働省　医療分野の情報化の推進について「遠隔医療」

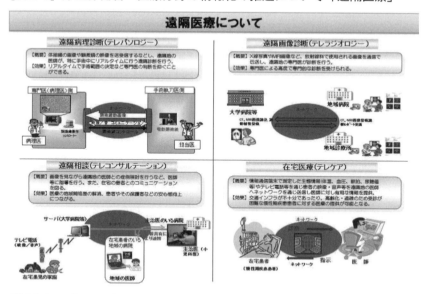

（出典）https://www.mhlw.go.jp/stf/seisakunitsuite/bunya/kenkou_iryou/iryou/johoka/
　　　　index.html（令和2年4月取得）

及によって，院内のみならず地域の専門スタッフと情報をリアルタイム
に交信することが業務の主流となってきている。このように，病院情報
システムなくして病院運営は成り立たないと言っても過言ではない状況
となっている。

2.個人情報を扱う上での必要要件

　医療事務担当として，患者の個人情報を扱う際に危機意識や各部門と
の運用管理が十分だと言えるだろうか。また，システムベンダに任せき
りになっていないだろうか。情報システムを導入さえすれば，すべて便
利で楽になると思いがちであるが，何か物事を取り入れるということは
同時に，業務負荷やコスト，運用責任が課せられることも忘れてはなら
ない。あくまでシステムは情報と人を繋ぐ一種の道具にしか過ぎないた
め，常に人による「チェック」と「アクション」と「クオリティ」が伴
うことを改めて認識しておく必要がある。そのためにはシステム導入に
あたり，十分な議論と慎重に取捨選択しなければならないのである。シ
ステム導入が目的化されて，本来導入する前のやるべき「業務の必要
性・将来予測（あるべき姿)」「運用プロセスの見直し・業務改廃（スク
ラップ＆ビルド)」「全体への影響度分析」「遵守にむけた院内のルール
化・運用規定・チェック機能・教育/研修」が置き去りになってしまう
ことがある。本項では情報漏洩・セキュリティ対応のポイントを提示す
ることで，当たり前に過ぎている習慣を今一度再確認し，関係者間での
認識を高め合い，もし旧態依然の内容のままであれば，現状に則した運
用ルールや作業基準（マニュアル）にモディファイして今後のセキュリ
ティ強化に繋げていただきたい。

3.情報セキュリティの脅威と対応

　一般的に情報資産を内外の脅威から適切に守ることであり，その情報

【図2-4】情報漏えいの主な危険ルート

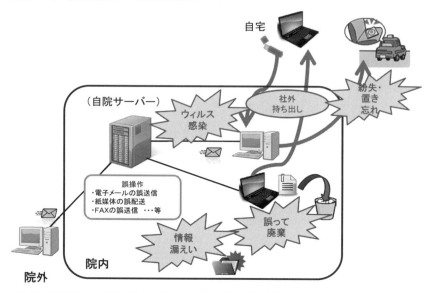

(出典) 医事業務　第23巻496号 (2016年6月)「当事者意識を持つことが情報セキュリティ向上の第一歩」

には，データと言われる電子媒体のほか，紙媒体や音声，それらを扱うシステムも含まれる。

　そして，セキュリティに対する脅威は「見えない化」「多様化」へと変化しながら，組織の弱点を巧妙に狙ってくる（図2-4）。ここで，皆さんに質問したい。①患者情報の運用ルールは？ ②ウイルス対策は？ ③もしもの障害に備えてデータバックアップは？ ④情報漏えいしたときの対応は？ ⑤セキュリティ対応は？ 一部を挙げさせていただいたが，これらがどうなっているか答えることができるだろうか。

　情報管理担当者じゃないからよく分からないと思っている人がいれば，今からでも遅くないので，ぜひ，当事者意識を持って知ることから始めていただきたい。情報管理部門に丸投げするのではなく，あくまで

【図2-5】発生原因

		度数（％）
紛失（所在不明）		91（48.9）
盗難		66（35.5）
インターネット	ウイルス感染※1	11（5.9）
	SNSへの書き込み	4（2.2）　17（9.1）
	メール誤送信	2（1.1）
置き忘れ※2		12（6.5）
合計		186（100.0）

※1 パソコンのウイルス感染によるファイル共有ソフトから
　　の情報流出.
※2 置き忘れているものが明確なもの.不明なものは紛失
　　（所在不明）に分類している.

（出典）医療情報学資料「医療機関における患者の個人情報に関する事故の現状—電子
媒体が関係したケースの分析」
https://www.jstage.jst.go.jp/article/jami/33/6/33_311/_pdf/-char/ja（令和2年4
月取得）

も主体は患者の医療情報を扱って医療事務を行っている皆さんであり，
「情報セキュリティ」に対する実施状況を理解したうえで，正しく任せ
ることが何より大事であり，お互いの意識を高め合うことで，組織全体
の安全・安心が保たれ適切な業務連携につながっていくことになる。

　個人情報の取り扱い事故による発生原因（図2-5）として，業務端末
やUSBの紛失・置き忘れ・盗難といったケースやメール誤送信等の人
為的なミスによるケースがある。なお，対策イメージを（図2-6）に示
すとともに，実際どのような点に気をつければよいか，次に出てくる詳
細要件で確認して実務に生かしていただきたい。

4.各担当者が行うべきセキュリティ対策

　「情報セキュリティ」の向上は，一人ひとりの行動が大きくかかわっ

【図2-6】情報漏えい対策の全体イメージ

| 基本対策 | → | 強化対策 |

| 組織・人、システムの両面で対策 | 継続的な取り組み、IT機能と両立した対策 |

組織・人的な対策	担当者の認識不足による漏えい防止 ・セキュリティ関連のルール整備 ・組織内でのセキュリティ教育	セキュリティ対策の実施チェック ・ルール遵守・浸透状況の確認 ・セキュリティの問題点改善 ・セキュリティの意識向上、啓蒙活動
システム的な対策	院内での安全な情報の利用 ・USBメモリ等の外部メディア制御 ・メール添付ファイル・一斉同報制御 ・Web経由のデータアップロード制御 ・・・など	外出先での安全な情報の利用 ・持ち出した機密データの安全性確保 ・外出先からの安全なアクセス

（出典）医事業務　第23巻496号（2016年6月）「当事者意識を持つことが情報セキュリティ向上の第一歩」

てきます。機密情報の取り扱いルールについて，主なライフサイクルマネジメント項目として，①伝達（電子メール，FAX，郵便物，口頭，回覧など），②共有（電子文書共有ツール，イントラネットなど），③複製（印刷など），④保管（データ，紙など），⑤廃棄（データ，紙，コンピュータ機器など）に分類することができます。自職場でルール化されているか否か，守られているか否かを改めてミーティング等で確認する。

【日常管理】
・クリアデスク（机）/クリアスクリーン（端末画面）はできていますか？

・機密書類の取り扱いルールは知っていますか?

・離席時はパソコンをログオフしていますか?(ロックアウト設定は?)

・施錠できるところに機密書類は保管していますか?

・機密書類を勝手に持ち帰っていませんか?

・機密書類の破棄はシュレッダーしていますか?

・パソコン廃却する場合のデータ消去や手順は明確になっていますか?

・機密データにパスワードをつけていますか?

・パスワードは8ケタ以上の英数大小記号になっていますか?

・パスワードは定期的に更新していますか?

・メールの添付ファイルとパスワードを同時に送っていませんか?

・会議の後に忘れ物を確認していますか?

・出力した書類が放置されていませんか?

・「職場」「飲食店」「公共交通機関」などでむやみに機密情報を話して
　いませんか?

・日常業務でセキュリティに関する注意喚起，意識の醸成，啓蒙活動等
　を行っていますか?

・持ち込みUSBを院内ネットワークパソコンに挿入する前にウイルス
　チェックしていますか?

【ルール面】

　業務を行ううえでセキュリティ対策やルールなど明確にしておくこと
は重要です。しかしながら，マニュアルを作成して安心してしまうとこ
ろに問題が潜んでいる。いざというときにマニュアルの最新化がされて
いないことに気づくことも往々にしてあるため，定期的にチェックする
ことが必要である。

5. コンプライアンス対応

　コンプライアンス(Compliane)は，日本語で「追従，応諾，即応」といった意味を持つ言葉であり，現代ビジネス用語としては"法令遵守"と訳されることが多く，「法律や道徳・習慣を守り，従うこと」という意味の"遵守"の前に"法令"が付くことで，「法律を守り従うこと」という意味合いを強めている。コンプライアンスは，コーポレート・ガバナンス（企業全体で不正行為を監視し，企業を健全に運営するための仕組み）の基本原理の一つで，会社の維持や不正防止を目的として使われている。

　病院で扱うレセプトデータは，リスクの高い個人情報であるため，漏えいすると病院の信用を失墜させるだけでなく，社会的責任も課せられる。では，どのように対処すれば良いのだろうか。コンプライアンス対応を考える際に大切なのが回避，低減，転嫁，受容という4つの対策で考えることであると言われている。

　回避とはコンプライアンス違反が発生する要素を取り除くこと。軽減とはコンプライアンス違反の発生確率と影響度を少なくすること。転嫁とは責任を第三者に移すこと。受容とはリスクを受け入れるということである。この4つのコンプライアンス対応で考えることで，効率良くかつ効果の高い対応を出すことができる。

　また，コンプライアンス違反に値する行為や事件を発生させないために，規則や倫理を作って管理体制を整えることである。コンプライアンスチェックは定期的に行うことで，コンプライアンス委員会による組織横断的な運営が不可欠である。また，コンプライアンスの重要性を社員に理解してもらうために，蓄積した知識・経験・ノウハウ・スキルを組織全体で共有・活用するための勉強会や講習を企画し，実行することが重要である。

　「コンプライアンス」の向上は一人ひとりの行動が大きく関わってく

る。レセプト情報の取り扱いルールについて，先に述べたライフサイクルマネジメント項目から自職場でルール化されているか否か，守られているか否かを改めて確認していただきたい。また，コンプライアンス違反に値する行為や事件を発生させないために規則や倫理を作って管理体制を整えることが必要である。

　多くの医療機関では規則や倫理を作り，それを職員に共有することでコンプライアンスが維持されると考えているが，しかし規則や倫理を作っただけでコンプライアンス違反が無くならない。問題はいくらガバナンスを強化してもコンプライアンス違反が発生するリスクはあり，「管理体制は徹底している」と思い込むことことに問題がある。つまり，「なぜそれをするのか，または，してはいけないのか」といった「仕事の意味づけ」を日常業務の中で意識させることと「あいまいなルール」や「守られないルール」は常に見直しながら，阻害要因を潰しておくことが何より重要である。情報漏えいの原因の多くは，決して特別なことではなく，ごく身近にあるのだということを理解していただきたい。

6. 常に当事者意識を持つこと

　私たちは組織への依存度が強く，組織の中にいると自分事と捉えることが希薄になり，「誰かがやってくれるだろう」と人頼みに陥ってしまいがちである。組織に馴染むこと自体良いが，問題は人任せにして関心が薄れてしまうことである。システムを使って業務を遂行している以上，任せっきりにせず，「何をもって安心・安全と判断しているか」が重要である。具体的には保守契約や覚書，運用管理規程などのエビデンス（図2-7）をしっかり確認し，情報管理部門と共有しておくことが大事である。こうして一人ひとりが意識を持つことでセキュリティは少しずつ上がってくるし，情報技術の進化に合わせて私たちの行動もバージョンアップしていかなければならない。自院を信頼して利用している

【図2-7】運用管理規程等文書構成の参考例

基本文書
個人情報保護方針
セキュリティポリシー
運用管理規程
運用管理体制
緊急時・災害時・障害時の対応規程
標準規格・ガイドライン一覧

患者の同意・契約・手続き文書
参加説明書・同意書
情報共有先登録書・変更書
参加同意の撤回書
登録データの削除申請書

医療機関および利用者の参加規約・契約関係文書
システムの利用規約
医療機関の安全管理規程
利用申請・撤回届（施設／医師）
保守契約書

（出典）医事業務　第23巻496号（2016年6月）「当事者意識を持つことが情報セキュリティ向上の第一歩」

地域の方々のためにも，医療従事者の皆さんひとり一人がコンプライアンスに対する当事者意識を持って取り組むことが医療社会を守っていくことになる。

7.最後に

　芳賀繁著『事故がなくならない理由』に引かれている，徒然草第109段の一節「高名の木登り」の逸話を紹介する。『弟子が高い木に登って仕事をしている間，じっと無言で見守っていた木登り名人が，弟子が低い所に降りてきたときに初めて落ちないようにと声をかけたそうです。

なぜ危険なところではなく，低いところで声をかけたのか木登り名人に尋ねると，高所では言わなくても細心の注意を払うが，低所に降りてきた時こそ，気を抜いて転落する危険性が高まるので注意を与えたそうです。つまり，木の高さを低くするような安全対策を取ったからといって事故が減るとは限りません。事故は，外にあるリスク（木の高さ）と人間の行動（心理的反応含む）の相互作用によって起きている』というとても興味深い内容である。ここでのポイントは，リスクの存在に気づかなければリスクを避けようとしない。リスクを認識させて，アクションおよびリマインドさせることが重要となる。ぜひ，皆さんもコンプライアンス対応を進めるとき，このイメージを持って取り組んでいただきたい。

　それでも「通常業務が忙しくてそれどころではない」と思うかもしれない。かつて筆者もそう思っていた。しかし，本当にそれで良いのだろうか。"患者情報"を扱う以上，責任は避けて通れない。色々なセキュリティ対応を講じることはもちろん大事であるが，それ以前に「あれ，おかしい?」「これでいいの?」と不安や疑問を感じた時は，躊躇ずに直ぐ周り確認し合うコミュニケーションが重要である。

　まずは誰にでもできることから始めながら，「理解・認識」→「確実な対応」→「結果と評価」→「常に良い状態を維持・向上」のPDCAサイクルを回し続けることが強い組織風土に繋がる。これからIT技術が進み安全で安心な質の高い医療の実現が一層求められていくなか，コンプライアンスへの体制を整備し，リスクを低減し続けるための感度を高め合うには，皆さんひとり一人の心のコンプライアンス意識がもっとも重要であることを最後につけ加えておきたい。

2-2.不当・不正請求防止に関するレセプト・コンプライアンス

1.不当請求と不正請求

　請求に関する問題は，不当請求と不正請求に大別される。不当請求とは算定要件を満たさない等，診療報酬請求の妥当性を欠く請求である。不正請求とは詐欺や不法行為に当たる請求である。不当請求には，算定要件を理解していないことから発生する算定ミスが考えられ，算定ルールの複雑さ，改訂等の変更などの影響により，正確な請求するには，十分な専門知識や経験が必要となる。

　しかし，このような基本的なミスとは異なり，算定要件を理解しておきながら，故意で行う不当請求もある。著しい不当な内容の請求あるいは，それを繰り返すことで，処分対象となりうる。厚生労働省では不当請求防止のために，ミスしやすい箇所等については請求時にチェックするよう保険診療確認リスト等を医療機関向けに提供している。事務職等の算定者は常に学習し，注意を払い適切な請求をできるよう努めなければならない。そして，そのための専門性を維持し，高めていく必要がある。

　不当請求と同様に問題視されることとして，不正請求がある。これは詐欺罪などの刑事責任を伴う問題となりうるもので悪質性は高い。不当請求も不正請求も経営者による操作的性質のものが多く，その作業を行う算定者が主として事務であることから事務がどう不当や不正に関与しているかが問われることとなる。これに関しては，1.経営者と共謀した場合，2.悪質な行為を理解したうえで断ることができず経営者の指示に従う場合，3.経営者からの指示が悪質行為と知らずに従う場合，4.経営者からの指示はない，あるいは不明確であるが，事務が忖度して行う場合などが一般的に考えられる。ただし，3については，診療報酬請求を担当している事務が診療報酬のルールを知らなかったということになる

【図2-8】問題のある請求

```
                  ┌→ 不当請求　算定要件を満たさない等，請求の妥当性を欠く
問題のある請求 ─┤
                  └→ 不正請求　詐欺や不法行為に当たる
```

【図2-9】事務の不正行為

1. 経営者と共謀する
2. 経営者の指示に従う（上司の命令に断れない）
3. 経営者の指示に従う（無知，不理解による）
4. 経営者の指示はないが，事務が忖度する

ため，非常に考えにくい。

2.指導と監査

　指導と監査については，図2-10のように，複雑なシステムとなっており，保険医療機関として指定されるすべての保険医療機関（保険薬局も同様）が不当，不正のないよう指導を受けている。

　健康保険法第73条では，「保険医療機関及び保険薬局は療養の給付に関し，保険医及び保険薬剤師は健康保険の診療又は調剤に関し，厚生労働大臣の指導を受けなければならない」とされており，保険医療機関等，保険医等に対して，保険診療・保険調剤の質的向上及び適正化を図ることを目的として，療養担当規則等に定められている診療方針，診療報酬・調剤報酬の請求方法，保険医療の事務取扱等について周知徹底することとしている。

　この指導とは，実施対象や方法等により集団指導や新規個別指導，集団的個別指導，個別指導に分類されており，集団指導は，新規に保険診療を行う新規指定医療機関（1年以内）に対して実施され，併せて新規

【図2-10】指導監査の流れ

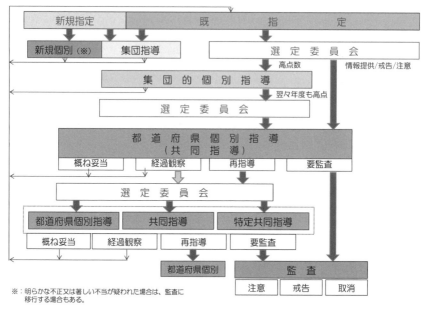

（出典）指導・監査の流れ（厚生労働省ホームページ）令和2年11月20日

個別指導も行う。

　集団的個別指導は前年のレセプト1件あたりの平均点数が都道府県の平均の1.2倍（病院は1.1倍）を超え，かつ前年度及び前々年度に集団的個別指導又は個別指導を受けた保険医療機関等を除き，上位8％の医療機関が対象になる。つまり，高点数レセプトのある医療機関を対象とするものである。個別指導は，診療報酬請求等に関する情報提供があった場合や個別指導を実施したが改善が見られない場合に行う。この他，集団的個別指導を終えた，翌年度の実績がなお高点数（都道府県の平均点数の1.2倍超）に該当する場合（上位から概ね半数）に個別に保険医療機関等を一定の場所に集めて，面談懇談方式で個別指導が実施される。集団的個別指導を拒否した場合，あるいは新規の個別指導をしたが

改善されていなかった場合，翌年に個別指導を行う。

　指導後，その内容に応じ，必要な措置（概ね妥当・経過観察・再指導・要監査）が採られる。厚生局などへ監査が必要な情報が入った場合，監査を行う場合がある。そもそも監査は保険医療機関等の診療内容又は診療報酬の請求について，不正又は著しい不当が疑われる場合等において，的確に事実関係を把握するために行う（健康保険法第78条等）。

　なお，監査完了後，確認された事実に応じ，必要な措置（取消処分・戒告・注意）が採られる。監査後に，行政上の措置として，取消などがある。保険医療機関等の指定取消処分及び保険医等の登録取消処分のことであり，次のいずれかに該当する場合に取消処分の対象となる。

①故意に不正又は不当な診療を行った場合
②故意に不正又は不当な診療報酬の請求を行った場合
③重大な過失により，不正又は不当な診療をしばしば行った場合
④重大な過失により，不正又は不当な診療報酬の請求をしばしば行った場合

　取消処分を受けると，その旨が公表されるほか，原則として5年間，保険医療機関等の再指定及び保険医等の再登録を受けることができないこととなる。取消相当の場合，本来，取消処分（保険医療機関等の指定取消，保険医等の登録取消）を行うべき事案について，保険医療機関等がすでに廃止され，又は保険医等がすでにその登録を抹消している等のため，これら行政処分を行えない場合に行われる取扱いであり，取消処分の場合と同様，取消相当である旨が公表されるほか，原則として5年間，再指定（再登録）を受けることができないこととなる。

　戒告処分は，以下のいずれかに該当する場合，戒告処分の対象になる。

①重大な過失により，不正又は不当な診療を行ったもの。

②重大な過失により，不正又は不当な診療報酬の請求を行ったもの。

③軽微な過失により，不正又は不当な診療をしばしば行ったもの。

④軽微な過失により，不正又は不当な診療報酬の請求をしばしば行ったもの。

　注意処分は，以下のいずれかに該当する場合，注意指導の対象になる。

①軽微な過失により，不正又は不当な診療を行ったもの。

②軽微な過失により，不正又は不当な診療報酬の請求を行ったもの。

　ただし，これらの処分とは別に刑事事件として有罪判決となれば刑罰を受けることになり，実際に経営者が詐欺罪の実刑判決を受けるケースがみられる。

3.不正請求の現状

　2014年から2019年までの5年間で，個別指導は徐々に増えているが，監査および取消，取消保険医療機関数はそれぞれ緩やかな減少がみられる。返還金額は2014年では，133億2,377万円から2019年が87億3,840万円と減少はしているが，かなりの返還金額となっている。保険医等への指導数も保険医療機関への指導数とほぼ同様の傾向となっており，増加しており，監査や取消は減少している。

【表2-1】 保険医療機関等個別指導件数

（単位：件）

年度	2014	2015	2016	2017	2018
医科	1,604	1,566	1,601	1,628	1,653
歯科	1,365	1,331	1,324	1,314	1,332
薬局	1,497	1,506	1,598	1,675	1,739
計	4,466	4,403	4,523	4,617	4,724

【表2-2】 保険医等個別指導件数

（単位：件）

年度	2014	2015	2016	2017	2018
医科	7,797	4,287	4,986	6,611	9,210
歯科	2,196	1,845	1,979	1,803	2,993
薬局	2,073	2,143	2,326	2,440	2,657
計	12,066	8,275	9,291	10,854	14,860

【表2-3】 保険医療機関等集団的個別指導件数

（単位：件）

年度	2014	2015	2016	2017	2018
医科	4,170	4,305	4,630	4,426	4,505
歯科	5,058	5,002	4,920	4,971	4,705
薬局	3,851	3,928	4,130	3,827	4,056
計	13,079	13,235	13,680	13,224	13,266

【表2-4】 保険医療機関等監査件数

（単位：件）

年度	2014	2015	2016	2017	2018
医科	35	37	28	25	16
歯科	45	45	39	33	28
薬局	7	8	7	8	8
計	87	90	74	66	52

【表2-5】 医療機関等取消件数

(単位：件)

年度	2014	2015	2016	2017	2018
医科	15	10	8	8	9
歯科	19	26	18	19	12
薬局	7	1	1	1	3
計	41	37	27	28	24

【表2-6】 保険医等監査件数

(単位：件)

年度	2014	2015	2016	2017	2018
医科	112	78	103	68	36
歯科	148	81	120	59	48
薬局	32	22	40	40	18
計	282	181	263	167	102

【表2-7】 保険医等取消件数

保険医等 (単位：件)

年度	2014	2015	2016	2017	2018
医科	8	7	6	5	5
歯科	14	18	14	13	12
薬局	8	1	1	0	3
計	30	26	21	18	20

【表2-8】 取消医療機関数

(単位：件)

端緒＼年度	2014	2015	2016	2017	2018
保険者からの情報提供	25	20	18	21	17
その他	16	17	9	7	7
計	41	37	27	28	24

※表2-1～8出典
「平成30（2018）年度における保険医療機関等の指導・監査等の実施状況」
厚生労働省ホームページ：保険診療における指導・監査
http://www.mhlw.go.jp/seisakunitsuite/bunya/kenkou_iryou/iryouhoken/shidou_kansa.html（令和2年1月取得）

4.不当・不正請求の背景

多くの医療機関や施設で診療報酬請求の作業，つまりレセプト（診療報酬請求明細書）を作成しているのは，医療事務員等である。院長など医師，歯科医師が作成するケースは稀である。福祉施設であれば，レセプト（介護報酬請求明細書）の作成も同様に，施設長が直接作成作業はしていない。レセプトに関する詳細な知識を持っている事務等の担当者は何をしたら不正になるか，なにをしたら点数になるのか，最もルールを知っている職業である。

不当・不正請求が発生する場合，その背景に何があるのであろうか。レセプトの性質上，レセプトを作成する人は，基本的に事務であると考えられるが，指示をする経営者の立場とは大きく異なる性質がある。

【表2-9】立場と志向

立場	アンダーグラウンドにある志向
医療者	機能志向
経営者	利益志向
算定者	技能志向

一般論として，経営者の持つ志向は，利益を追求しようとする思考である。少しでも点数を多くとりたい，より高い点数を算定できるように経営したいと願う。つまり，診療単価を引き上げたいと考える。医療者の一般的志向には，経営者の志向とは別に，レセプトを意識せずに，純粋にカルテの内容，診療等をみようとする。レセプトのルールを意識していない，あるいはルールを知らない状態であることも少なくない。そのため経営志向とは逆の方向性を持つことも少なくない。例えば，必要性のない検査はなるべくしない，医師の方針でなるべく薬を出さないという方向も典型的な例である。事務系算定者が持つ志向は，技能志向である。審査をパスできる事，スピード等の効率や算定ルールを重視する

が，点数の持つ意味，社会的影響までを意識することまでは考えにくく，経営者の方針に従い，正確に，速く処理することが基本的に求められる能力として意識している。

このように立場が異なる者がレセプトに関与している。3者のどれが最も大きく影響しているかは，職場のパワーバランスによると考えられる。

5.医療・福祉従事者のコンプライアンス

不正請求には診療報酬，調剤報酬，介護報酬の請求において，詐欺や不法行為に当たるものをいう。架空請求，付増請求，振替請求，二重請求，その他の請求に区分される。

多くは保険者から送付される「医療費のお知らせ」（医療費通知書）をみた被保険者が違和感を持ち，保険者等への問い合わせによって発覚するが，職員が受診したように偽装している場合などもある。不正請求の発覚には，職員からの内部告発によって発覚することも少なくない。

(1) 架空請求

実際に診療などを行っていないにもかかわらず，診療をしたごとく保険者へ請求をすることをいう。例えば，実際に受診していないにも関わらず，受診したこととして，架空の患者のいる診療録を作成し，保険請求を行う。このほか，診療が継続している者で，当該診療月に診療行為がないにもかかわらず請求を行った場合，当該診療月分については架空請求となる。

(2) 付増請求

診療行為の回数（日数），数量，内容等が実際の実施よりも多く請求することがそれにあたる。例えば，注射をしていなかったにもかかわら

ず，注射をしたことにして算定されている。このような実際にしていない診療行為が追加されて保険請求されるものを付け増しという。この場合，多くは「医療費のお知らせ」（医療費通知書）をみた被保険者が違和感を持ち，保険者等への問い合わせによって発覚する。この請求が単に事務作業上のミスではなく，意図的な性質があると判明すれば，悪質な不正請求として扱われる。

(3) 振替請求

　実際に行った診療内容に該当する点数ではなく，より高い診療内容の点数で算定することをいう。点数が段階的な性質のある項目について，付加サービス，付加条件をクリアしていることとして，意図的に点数が高くなるほうの点数で算定する。

(4) 二重請求

　患者から自費診療で料金を徴収しているにも関わらず，保険診療も請求している場合，不正請求となる。例えば，産婦人科などでは，正常分娩は自費になる事が基本であるが，保険請求を別に行うケースがみられる。美容形成も同様で，自費が多くある分野にみられる。このような特定分野を特徴とする不正である。

(5) その他の請求

・水増し　　　入院などの入院基本料などの点数の操作で，例えば看護師等の数を水増しするもの。看護師の数が基準に達しなくなったことを隠す，あるいは手続きをしなかった管理上のミスによるものなど，意図的な水増し以外も少なくない。医師，看護師のほか，入院患者数の

・届出虚偽　　施設基準に該当していないが，基準に該当していると

して届け出し，算定する

・詐欺行為　職員や協力者に，実際に疾患があり，患者として医療サービスを受けているが，明らかに過剰な診療となっている場合。投薬の場合などは，実際に投薬された量の薬を飲んでいない。得た薬剤を再利用したり，転売するなどの行為もみられる。

・適用外　　そもそも保険適用外となる常識的ルールを無視して保険請求する。以来の無い往診のほか，無診察投薬など，医師が診察を省略している場合も含む。

6. 不正請求とその後

　不正請求事例をもとに，典型的な不正請求の流れをもとに考えてみたい。

　本事例データは不正請求があり，指定取消処分となった医療機関職員への質的調査によるデータをもとにまとめたものである。A医療機関は地域における内科無床診療所であり，開業してから約30年目に取り消しとなった。

①医療機関の不正
　不正の根拠となる法令の条項
　健康保険法80条第1号，第2号，第3号及び第6号
②処分
　健康保険法に基づく処分
　保険医療機関の指定の取り消し

事故内容
　保険医療機関及び保険医療養担当規則違反

1　保険診療と認められないものを，保険診療を行ったものとして診療報酬を不正に請求していた。（その他の請求）

　ア　診察せず，院外処方箋を発行し診療報酬を不正に請求していた。（保険請求に加えて一部負担金も受領）

　イ　診察せず，無資格者が院外処方箋を発行し診療報酬を不正に請求していた。

　ウ　自己診療及び家族に行った診療を別の従業員に保険診療したものとして診療報酬を不正に請求していた。

　※いずれも基本診療料も含め該当する特掲診療の各点数，各加算が不正点数となる。診療録に不実記載あり

2　その他

　ア　算定要件を満たさない初・再診料の診療報酬を不当に請求していた患者からの聴取事項や診察所見の要点が診療録に記載されていないにもかかわらず，外来管理加算を請求していた。

　イ　慢性疾患等を明らかに同一の疾病又は負傷であると推察されるにもかかわらず，誤って初診料を不当に請求していた。

以下の流れとなった。

①内部告発　　　職員が厚生局へ不正請求があることを通報

②個別指導通知　厚生局より通知が来る

　　　　　　　　出頭日，指定された患者のカルテ，診療に関する諸記録（予約票，来院日誌，X線検査，処方箋，金銭出納帳など持参するものが記載された通知

③個別指導実施　この指導は一回とは限らず，中断，再開の繰り返しになることがある。経営責任者と請求業務を熟知している職員が出席

④監査通知　　　指導から監査に切り替わる通知が来る。中断していた

指導を監査に切り替えられる。通知のなかに，監査の実施に係る監査対象となる患者名リストが同封される。監査の出頭日，持参すべく準備する書類等の説明文書より，必要な書類を用意する。監査の対象となる患者のカルテ，処方箋，金銭出納帳など指定される。厚生局より，職員名が指定される場合がある。指名された職員は出頭しなければならない。

⑤監査実施　指定された職員が出頭する。指定されたものを持参する。

一度の監査で終わらない場合もある，数年にわたる場合がある。

個別指導と同様に，中断，再開の繰り返しとなることがある。

都道府県等の医師会や弁護士などが出席する。

⑥聴聞通知　結果通知として，予定される不利益処分の内容（結果）と聴聞会の日程の記載された通知が来る。不利益処分の原因となる事実について，違反内容について記載されている。

聴聞会は監査の結果に対する弁明の機会がある。

⑦聴聞会　出頭（聴聞会へ管理責任者が証拠書類等を持参する）ただし，陳述書および証拠提出によって，出頭に代えることが出来る。

⑧返金額の計算　聴聞通知の不利益処分の原因となる事実の内容から，医療機関事務員は返金すべく金額を不正となった診療報酬から計算しなければならない。

厚生局からCDRが送られ，不正に関するデータが入力できるソフトがあり，ひとりひとりの対象患者の該

当する内容を入力し，返済金額が計算される。

⑨処分通知　　保険医療機関の指定取り消し日が記載された通知が届く。

⑩残務整理　　指定取り消しが決まった後，指定取り消し日までは保険診療が可能。

この間に，入院患者や外来患者の他院への紹介，転院先の確保を行う。

⑪返金作業　　不正請求による返金額を送金する。

⑫医療機関閉鎖　取り消し日には医療機関を閉鎖し，診療はできなくなるため，閉鎖の作業を行う。

7. 事例からみたレセプト管理の問題点

　レセプトに関するコンプライアンスは，単純に言えば請求業務に関するルールを守ることが基本となる。しかし，問題なのは誰が責任をもってコンプライアンスを実行できるのかという点がある。先に述べたように，算定者の立場からみれば，レセプトに対する価値観，期待感に相違がある。収益業務でもあるため，経営者に責任があると言えばその通りであるが，経営者は基本的に医師や薬剤師などの医療専門職であり，経営者は必ずしもレセプトに直接関わっていない。また，その知識を持っているとも限らない。やはり，事務職がその専門家として，責任をある程度持たなければならない。経営者が知らずに，不正な誤った保険請求となりそうな場合，事務がアドバイスすべきであろう。今回の事例にあるように，事務員が算定に詳しい知識のある者として，出頭している。責任は，知識のある者に課せられることになるのが自然である。ゆえに，レセプトの知識を持つ事務員にレセプトの責任をとるルールは必要となると考えられる。より大きな責任を持つことで，コンプライアンスに関して院内での発言権が増大すること，3者の立場の相違があるなか

で中立となる位置にある事務が，コンプライアンスの点から経営者をサポートできることになる。レセプトに関してはもちろんのことであるが，マネジメント，法的視点などさまざまな知識はより一層，高めなければならない事を付け加えておきたい。

［参考文献および参考URL］
医道審議会医道分科会（2012）「医師及び歯科医師に対する行政処分の考え方について」医道審議会
芳賀繁（2012）『事故がなくならない理由　安全対策の落とし穴』PHP研究所
山口宏（2014）『「知らなかったではすまされない」病院の法律知識ハンドブック』ぱる出版
「介護施設の指定取消が過去最多」不正請求・虚偽報告の実態
https://goronyi.com/fraud-false-report/（令和2年1月取得）
「平成30（2018）年度における保険医療機関等の指導・監査等の実施状況」
厚生労働省ホームページ：保険診療における指導・監査
http://www.mhlw.go.jp/seisakunitsuite/bunya/kenkou_iryou/iryouhoken/shidou_kansa.html（令和2年1月取得）
厚生労働省保険局医療課医療指導監査室（2019）「保険診療の理解のために　医科令和2年度」
厚生労働省保険局医療課医療指導監査室（2019）「保険診療の理解のために　歯科令和2年度」
厚生労働省保険局医療課医療指導監査室（2019）「保険診療の理解のために　薬局令和2年度」
厚生労働省保険局医療課医療指導監査室（2019）「平成30年度における保険医療機関等の指導・監査等の実施状況」

第3章
レセプト情報の活用

レセプトは第1章で詳しく解説された通り，診療報酬請求のための
データであって，医療費の分析のためには古くから利用されてきた。
1970年ごろから普及し始めた医事会計システムでは，会計計算やレセ
プト作成のために診療データを入力するため，それまでの紙のレセプト
に代わって電子的なデータが得られるようになった。それらのデータは
医業収入の分析に用いられ，病院や診療所の経営に資する資料として活
用された。また，一部では医療の質の評価にも利用されたものの，レセ
プトは月単位の請求データであり，患者単位で外来診療や入院診療の全
体を見るには制約が強く，また，請求を目的に作成されたデータである
ため本格的な研究材料としてはなじまないとされてきた。しかしなが
ら，レセプト電算処理の普及や，DPC/PDPSの導入に伴って，全国一
律の統一された形式でデータが収集されるようになり，また，ほぼ
100%に近い悉皆性のあるデータベースとして発展したことにより，そ
のデータの利活用の可能性は大きく膨らんだ。

　本章では，その歴史を簡単に振り返った後，現状の研究動向を探ると
ともに，ビッグデータとして日々増加し続けているNDB（National
DataBase：レセプト情報・特定健診等情報データベース）や，それに
類する全国規模のデータベースの利活用について，事例を紹介しつつ概
説する。最後に，これらデータ分析における制約条件や問題点をまとめ
た上で，今後の課題について述べる。

3-1. レセプト研究の可能性

　本節のタイトルに対する答えは「大いにあり」であり，今後ますます
その重要性は増していくと考えられる。背景には，レセプトやそれに関
連するビッグデータがすでに存在すること，ビッグデータを解析する
ツールが数多く，しかも操作性の高いものが開発されていることなどが

挙げられる。しかしながら，レセプトデータという本質的な制約もあって，得られる結果に限界がみられることも事実である。

1. レセプト研究の歴史

　わが国の医学関連分野の文献情報を収集したオンラインデータベースである医中誌Webを用いてレセプト（診療報酬明細書）についての原著論文を調べてみた。結果を表3-1に示す。傾向を見る目的でキーワードを「診療報酬明細書」または「NDB（レセプト情報・特定健診等情報データベース）」に限定したため，その他の関連する論文数は含まれておらず，件数が少なくなっている点にはご注意いただきたい。

　診療情報の電子保存が容認された1999年まではわずかであった論文数は，2000年以降増加を続けており，特に2015年以降の論文の3割強がNDBやのその他の規模の大きいデータベースを用いた分析である。電子化の黎明期には大学や病院で個別に独自のデータベースを構築して分析していたものが，全国規模で統一形式によって収集蓄積されたデータは，同じ土俵で分析が可能となり研究が加速しているものと思われる。

【表3-1】 レセプト研究の原著論文数の推移

年代	件数	特徴
～1999	29	いわゆる保険病名の分析や，コンピュータによるデータ分析の可能性などが論じられている。
2000～2004	69	医療費分析，医療および請求業務分析が主テーマである。
2005～2009	103	国保・健保等のDBを用いた分析やDPC分析が少しある。医療費や医療サービスの分析が多い。
2010～2014	106	NDBテーマが数件，大半は個別分析である。医療費だけでなく医療の質評価もテーマにあがってきた。
2015～	152	約3割はNDB等大規模DB関連である。医療費分析よりは医療サービスの現状分析や質評価がテーマになっている。

医中誌Webにより「診療報酬明細書」または「NDB（レセプト情報・特定健診等情報データベース）」をキーワードとして検索したデータを集計した。

2. レセプト研究の領域

　文献検索のキーワードを広げ，学会発表等も含めて関連文献を調査した結果を踏まえて，レセプト関連の研究テーマを整理すると次のように分類できる。それぞれ具体例を示した。

（1）レセプト・健診データの分析
　①医療費の分析
　　・疾患別医療費の現状分析
　　・診療行為別医療費の年次推移
　　・医療費の地域差
　　・生活習慣病の医療費への影響
　　・診療報酬改定の影響評価
　②医療内容の傾向分析
　　・全国的な医療の実態を探る研究
　　・病院間，地域間の差異分析
　　・処方状況分析（薬剤別地域分布等）
　　・高齢者の疾患・治療の傾向分析
　　・疾患別患者数の動向
　③保健医療政策に関する分析
　　・医療提供体制の分析
　　・二次医療圏の設定に関する研究
　　・在宅医療の需要予測
　　・受療行動の分析
　　・医療費適正化のための分析
　　・特定健診・特定指導のあり方
　④医学・医療研究，医療の質評価への活用
　　・疾患発症の要因・リスク分析

　　　・後向きコホート分析への活用

　　　・治療薬投与の安全性評価

　　　・治療法の地域的ばらつきの分析

　　　・平均寿命の関連要因の解析

　⑤レセプトと他のデータ（健診・介護等）との関連分析

　　　・医療・介護連携によるサービスの質評価

　　　・高齢者の医療・介護サービス利用状況分析

　　　・疾患別の薬剤使用の現状

　　　・健診結果と医療費の関係

（2）診療報酬請求業務や医療保険制度関連の研究

　①診療報酬請求業務そのものの改善への活用

　　　・査定状況の分析

　　　・いわゆる保険病名の検討

　　　・算定漏れを防ぐ方策

　②業務改善への活用

　　　・クリニカルパスの分析と改善

　　　・加算点からチーム医療の業務を分析

　　　・原価計算への活用

　③データベース構築に関する研究

　　　・NDB利用のためのツール開発

　　　・名寄せ手法の改良

　　　・疾病統計の手法

　④医療制度や医療費の歴史的研究

　　　・レセプト点数の時代遷移

　　　・診療報酬計算手法の歴史的変遷

　　　・新制度による影響分析（DPC，介護保険，助成制度など）

⑤人材育成に関する研究
  ・診療報酬系の講義や演習の工夫
  ・診療報酬請求，医師事務作業補助，医療秘書などの資格に関する
    検討
⑥国際比較に関する研究
  ・医療制度の国際比較
  ・医療費の国際比較

3. レセプト研究の制約と課題

　上述のように多岐にわたる研究が行われているが，レセプトデータの
分析については，元になるデータが診療報酬請求のためのものであり，
いくつか注意すべき制約がある。レセプトは月単位の請求データであ
り，患者単位で外来診療や入院診療の全体を見るためには個人単位に集
約しなければならない。診療報酬請求のため，あえて説明的に病名を付
加することもみられる。電子カルテ化が進展し，実データに基づいて請
求されるようになってきたため過去に大きな問題とされたようなことは
少ないであろうが，オーダエントリシステムであって実績入力をしてい
ない場合などは実際との乖離もある。NDBやDPCで集積されるデータ
については事前のチェックがなされているものの，やはりそういった誤
差を含むものとしてとらえるべきであろう。これだけ分析の重要性が言
われている今，データを作成し提出する側の精度向上への意識を高める
ことも重要である。

4. レセプトビッグデータの活用

　前節でレセプト研究の可能性を述べたが，すでに多くの研究がされ発
表も増えている。特にビッグデータ化されたNDBについては，詳細
データを用いるケースと，集約・加工し公開されているNDBオープン

データを用いるケースに大別される。

　現状では詳細データを用いて研究するには申請して認可されなければならず，残念ながらそのハードルは高い。現在，東京大学と京都大学にオンサイトリサーチセンターが設けられており，許可は必要であるが，研究者が必要なデータを抽出・処理加工しやすい体制が構築されつつあり，アプローチしやすくなると期待されている。

　一方，NDBオープンデータは，制約条件はあるが，広く一般に利活用できるように集約・加工して公開されており，厚生労働省のホームページから誰でもダウンロード可能である。

　このような，ビッグデータとして注目されているNDBやDPC，その他のデータについて概説する。

（1）対象データ

①NDB（National DataBase of Health Insurance Claims and Specific Health Checkups of Japan：レセプト情報・特定健診等情報データベース）[1]

　診療報酬請求情報は，2006年に成立，2008年に施行された「高齢者の医療の確保に関する法律」により，医療費適正化計画の作成，実施および評価に資するために解析対象として用いられることとなった。2009年にはレセプト情報並びに特定健診・特定保健指導情報を収集したこのNDBの構築が開始され，2011年からは研究者に向けてNDBデータの第三者提供を行っている。

　レセプト情報は，傷病名，診療開始日，診療実日数，医療機関コード，初診・再診・時間外等，医学管理（医師の指導料等），投薬，注射，処置，手術，検査，画像診断，請求点数などである。同一人を特定する方策を講じた後は匿名化のために，患者の氏名，生年月日の日，保険医療機関の所在地及び名称，カルテ番号等，国民健康保険一部負担金減

額・免除・徴収猶予証明書の証明書番号，被保険者証（手帳）等の記号・番号，公費受給者番号は削除される。

　特定健診等情報は，受診情報（実施日等），保険者番号，特定健診機関番号，受診者情報の一部（男女区分，郵便番号），健診結果・問診結果，保健指導レベル，支援形態，特定保健指導のポイント数などである。同一人を特定する方策を講じた後は匿名化のために，特定健診・保健指導機関の郵便番号・所在地・名称・電話番号，医師の氏名，被保険者証の記号・番号，受診者の氏名，受診券有効期限は削除される。

　NDB構築の概要を図3-1に示す。医療機関等から提出されたデータは，匿名化処理を経て個人単位に編集され蓄積されている。

　利用者の範囲は，厚生労働省の老健局，保険局および省内の他部局，他課室・関係省庁・自治体，研究開発独法，大学，保険者中央団体，公益法人，国から研究費用を補助されている者等に限られており，利用申請時の審査基準としては，

・利用目的が，医療サービスの質の向上等を目指した施策の推進や，学術の発展に資する研究に資するものであるか
・利用するレセプト情報の範囲が利用目的に照らして必要最小限であるか，また，レセプト情報の性格に鑑みて情報の利用が合理的か
・研究計画の内容は，申出者の過去の研究実績や人的体制に照らして実行可能であるか
・適切な措置（レセプト情報等を複写した情報システムを外部ネットワークに接続しない，個人情報保護に関する方針の策定・公表，外部委託契約における安全管理条項の有無等）を講じているなど，セキュリティに配慮しているか
・学術論文等の形で研究成果が公表される予定か，施策の推進に適切に反映されるか

[図3-1] NDB構築の概要

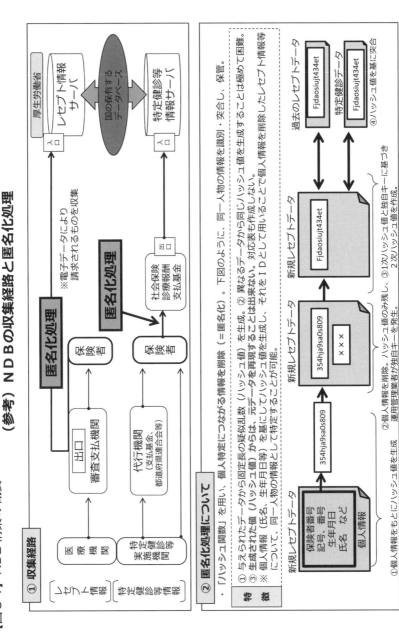

（参考）NDBの収集経路と匿名化処理

出典：厚生労働省 老健局・保険局「NDB、介護DB等の役割と解析基盤について」（平成30年9月6日）[2]

63

【図3-2】 レセプト情報・特定健診等情報データベースにおける請求ファイル構成イメージ

請求ファイル

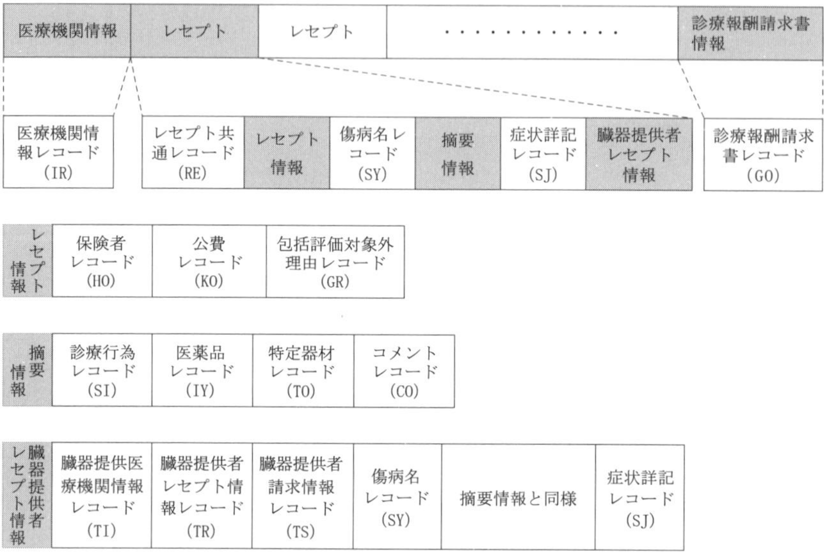

医療機関情報	レセプト	レセプト	・・・・・・・・・・・	診療報酬請求書情報

医療機関情報レコード (IR)	レセプト共通レコード (RE)	レセプト情報	傷病名レコード (SY)	摘要情報	症状詳記レコード (SJ)	臓器提供者レセプト情報	診療報酬請求書レコード (GO)

レセプト情報	保険者レコード (HO)	公費レコード (KO)	包括評価対象外理由レコード (GR)

摘要情報	診療行為レコード (SI)	医薬品レコード (IY)	特定器材レコード (TO)	コメントレコード (CO)

臓器提供者レセプト情報	臓器提供医療機関情報レコード (TI)	臓器提供者レセプト情報レコード (TR)	臓器提供者請求情報レコード (TS)	傷病名レコード (SY)	摘要情報と同様	症状詳記レコード (SJ)

（出典）「オンライン又は光ディスク等による請求に係る記録条件仕様（医科用）」[6]

などとあり，また，データは厚生労働省から提供されるが，利用申請後実際にデータが提供されるまでには時間を要し，また，セキュリティ要件を満たした利用環境を構築することやデータベース構築のための専門知識も必要となるなどハードルが高い状況は続いている。

　具体的な利用方法については専用のサイトが開設されており，「利用を検討している方々へのマニュアル」[3] や，「レセプト情報・特定健診等情報の提供に関するガイドライン」[4] 等に詳しく説明されているので参照されたい。対象となるデータに関する情報は，厚生労働省保険局のサイトで診療報酬情報提供サービス[5] に示されている。一例として請求ファイル構成イメージを図3-2に示す。利用申請をしてデータを得ら

れたとしても，詳細な構成を知って利用することになる。初期段階での利用経験が動画として紹介されているので大変参考になる[7][8]。

　NDBの特徴は以下のとおりである。

・レセプト情報は，電子化されたもののみで，労災保険適用分など一部は除外されるものの，悉皆性の高い情報であり，毎年18億件規模で蓄積されている

・特定健診情報は全件が対象で，毎年2,700万件規模で蓄積されている

・匿名化された個人IDで紐付けはできる

・月単位のデータであるため個人単位にエピソードを集約するのが煩雑である

・死亡個票などとの連結はできず，転帰までは追えない可能性が高い

・いわゆる保険病名問題（診療報酬請求のために説明的に付けられる病名の混在の可能性）は抱えたままである

・保険が変われば紐付け用の個人IDが変わるため記録が途切れる恐れがある

・データ量が膨大で処理の負担が大きい

②NDBオープンデータ[9]

　NDBオープンデータは，先に述べたNDB利用の制約を緩和して，個別の政策や研究目的とは別に，NDBデータを典型的かつ一般的な観点から集計したうえで，関心を持つ研究者等に広く情報提供公表することにしたものである。2016年10月に「第1回NDBオープンデータ」が公開された後，2019年の第4回まで公開され，執筆時点では第5回の公開に向けての希望の募集を終えたが，引き続き次回以降に向けて募集は続けられている。段階的に公開されるデータは増えており，第1回から第4回までの項目の変化を表3-2にまとめた。注意すべきは，毎回公開

【表3-2】NDBオープンデータの内容（第1回から第4回までの概要）

	第1回	第2回
公表データ	①③④平成26年4月～平成27年3月診療分 ⑥平成25年度実施分	①～④平成27年4月～平成28年3月診療分 ⑥～⑦平成26年度実施分
①医科診療報酬点数表項目	A（初・再診料，入院基本料，入院基本料等加算，特定入院料，短期滞在手術基本料）B（医学管理等），C（在宅医療），D（検査），E（画像診断），H（リハビリテーション），I（精神科専門療法），J（処置），K（手術），L（麻酔），M（放射線治療），N（病理診断）	A（初・再診料，入院基本料等加算，特定入院料，短期滞在手術基本料），B（医学管理等），C（在宅医療，在宅療養指導管理材料加算），D（検査），E（画像診断），F（投薬），G（注射），H（リハビリテーション），J（処置，処置医療機器等加算），K（手術，手術医療機器等加算），L（麻酔），M（放射線治療），N（病理診断） ※下線を付した項目には加算分が追加された
②歯科診療報酬点数表項目		A（初・再診料），B（医学管理等），C（在宅医療）
③歯科傷病	「う蝕」，「歯周病」，「喪失歯」	「う蝕」，「歯周病」，「喪失歯」
④薬剤データ	「内服」，「外用」，「注射」それぞれにつき，「外来院内」，「外来院外」，「入院」ごとに，薬価収載の基準単位に基づき，薬効別に処方数の上位30位を紹介	「内服」，「外用」，「注射」それぞれにつき，「外来院内」，「外来院外」，「入院」ごとに，薬価収載の基準単位に基づき，薬効分類別に処方数の上位100位を紹介
⑤特定保険医療材料		
⑥特定健診集計結果	「BMI」，「腹囲」，「空腹時血糖」，「HbA1c」，「収縮期血圧」，「拡張期血圧」，「中性脂肪」，「HDLコレステロール」，「LDLコレステロール」，「GOT(AST)」，「GPT(ALT)」，「γ-GT(γ-GTP)」，「ヘモグロビン」，「眼底検査」	「BMI」，「腹囲」，「空腹時血糖」，「HbA1c」，「収縮期血圧」，「拡張期血圧」，「中性脂肪」，「HDLコレステロール」，「LDLコレステロール」，「AST」，「ALT」，「γ-GT」，「貧血検査」，「眼底検査」
⑦特定健診質問票項目「標準的な質問票1～22」		「標準的な質問票1～22」
集計表とグラフ	上記①③④⑥に対し，一部例外を除き，集計表とグラフを作成し公開。集計表では「都道府県別」および「性・年齢階級別」の集計を，グラフでは「都道府県別」の記載を行う。	①～⑥に対し集計表を作成し，また一部項目はグラフを作成し公表。①～④の集計表では「都道府県別」および「性・年齢別」の集計を，⑤，⑥の集計表では「都道府県別/性・年齢別」のクロス集計を行う。グラフでは「都道府県別」の記載を行う。

注：①～⑦の附番は，各回で公表されているデータ番号とは異なっている
（出典）公開データをもとに筆者が表にまとめた

第3回	第4回
①～⑤平成28年4月～平成29年度診療分 ⑥～⑦平成27年度実施分	①～⑤平成29年4月～平成30年度診療分 ⑥～⑦平成28年度実施分
第二回に対し，新たに短期滞在手術等基本料および輸血料の集計結果を追加している。	第三回に対し，医科診療行為の一部の項目について「二次医療圏別」の集計結果も公表している。
「検査」，「画像診断」，「投薬」，「注射」，「リハビリテーション」，「処置」，「手術」，「輸血料」，「麻酔」，「放射線治療」，「歯冠修復及び欠損補綴」，「歯科矯正」，「病理診断」の集計結果を新たに追加している。	第三回と同じ
「う蝕」，「歯周病」，「喪失歯」	「う蝕」，「歯周病」，「喪失歯」
内服，外用，注射の集計表について，新たに薬剤の単位の情報を追加しており，さらに年齢階級は90歳から100歳まで拡大して公表している。また，注射の集計表については，最小集計単位を1,000未満から400未満に変更している。	第三回と同じ
各特定保険医療材料の数量について，「都道府県別」及び「性・年齢別」の集計を行っている。	第三回と同じ
新たに「尿蛋白」，「尿糖」の集計結果を追加している。	「ヘモグロビン」，「眼底検査」について，これまで集計対象としてきた「健診結果・問診結果情報レコード」に加え，「詳細情報レコード」を集計対象に含めた集計結果を追加している。
「標準的な質問票1～22」	「標準的な質問票1～22」
さらに「初診」，「再診」，「外来診療料」，「末梢血液一般（検査）」，「水晶体再建（手術）」の5種類のクロス集計表(都道府県別/性年齢別）も追加している。	各項に示す通り

されるデータで，レセプト情報と特定健診等情報の対象期間が異なっていることである。両者の関連を見るときに特に注意が必要である。

NDBオープンデータの特徴は以下のとおりである。

・全体像を把握するような利用に供するため，汎用性が高く，さまざまなニーズにある程度応え得る基礎的な集計表として公開されている
・公開情報は，利用者の要望を入れつつ，毎回拡張されている（これまでに4回）
・誰でもデータをダウンロードして利用できる
・集約されたデータである
・個人単位の分析はできない

③DPCデータ

DPCデータについては，「日本再興戦略」2016の中で，2017年度より，DPCデータの一元管理及び利活用を可能とするデータベースのシステム運用を開始し，2017年度より厚生労働省が保有するDPCデータについては，「DPCデータの提供に関するガイドライン」[10]~[12]に基づき，公益性の高い学術研究に対して「集計表情報」の提供を行うとされた。

DPCデータは「DPC導入の影響評価に係る調査」実施説明資料に基づき収集される退院患者調査であり，表3-3のような様式で構成される。

退院患者調査の調査結果として，データを提出する約3,400病院について医療機関毎に平均在院日数等の診療に関するデータを厚生労働省ホームページ上で公開しており，データは，二次利用可能かつ機械判読性に適した形（xls）でダウンロード可能である。

公開データは以下のとおりである。

【表3-3】DPCデータの構成

様式	内容	説明
様式1	簡易診療録情報	カルテのサマリーのような情報
様式3	施設情報	届出されている入院基本料等に関する情報
様式4	医科保険診療以外の診療情報	保険以外診療（公費，先進医療等）の実施状況に関する情報
EF統合ファイル	医科点数表に基づく出来高点数情報	出来高レセプトの情報
Dファイル	包括レセプト情報	DPCレセプトの情報
外来EF統合ファイル	外来診療患者の医科点数表に基づく出来高点数情報	外来の出来高レセプトの情報

（出典）厚生労働省「DPCデータの提供について（H29年度説明会資料）」[10] より

対象医療機関：本調査に参加する全ての医療機関（H28は約3,400病院）

対象期間　　：毎年4月から翌年3月の1年間のデータ（2006年から）

公表形式　　：個々の医療機関別に公表項目を集計

公表項目　　：在院日数の状況，救急車による搬送の有無，紹介の有無，入院経路，退院経路，退院時転帰，再入院の状況，診断群分類別在院日数，化学療法のレジメン分析，診断群分類別の手術の実施状況，診断群分類別の処置の実施状況

④国保データベース（KDB）[13]

　公益社団法人国民健康保険中央会が提供するデータベースで，国保連合会が保有する健診・医療・介護の各種データを利活用して，統計情報や個人の健康に関するデータを作成・提供している（図3-3参照）。

⑤介護保険総合データベース（介護DB）[14]

　介護保険総合データベースは，「地域包括ケアシステムの強化のため

【図3-3】国保データベースの全体像

(出典) 国民健康保険中央会ホームページ(13)

の介護保険法等の一部を改正する法律」（平成29年5月26日成立）により収集目的が規定され，市町村等によるデータ提出等を義務化し，介護給付費明細書（介護レセプト）等の電子化情報を厚生労働省が管理するサーバー内に格納（平成25年度より運用開始）したデータベースである。その目的は，介護保険事業計画等の作成・実施等及び国民の健康の保持増進及びその有する能力の維持向上に資するためとされている。特に，介護・医療関連情報を広く共有することへの期待が大きい。

　表3-4に対象項目の概要を示す。

【表3-4】介護保険総合データベースの内容

	介護レセプト	要介護認定データ
データ件数	平成29年11月までに8.6億件	平成30年2月までに5.2千万件
データ項目	性別，生年月，要介護状態区分，認定有効期間，保険分給付率，サービスの種類，単位数，日数，回数など	要介護認定一次判定 基本調査74項目，主治医意見書から短期記憶，認知能力，伝達能力，食事行為，認知症高齢者の日常生活自立度の項目，要介護認定基準時間，一次判定結果
		要介護認定二次判定 認定有効期間，二次判定結果

（出典）内閣府「介護保険総合データベースについて」[14] より

　格納されているデータの構築方法を図3-4に示す。

(2) 対象データベース間の関連付け

　NDBはレセプト情報と特定健診等情報のデータベースであるが，当初から個人を関連付ける際の困難を伴ってきた。国民一人一人を識別するためのマイナンバー制度はできたものの，その利用には制限が強くて，保健医療福祉分野の共通IDとしては今のところ使うに至らず，それぞれのデータベースで採用されているID情報を使って個人を紐づける，いわゆる名寄せに頼らざるをえない。カナ氏名を使おうとしたら

【図3-4】 介護データベースの概要（収集の方法）

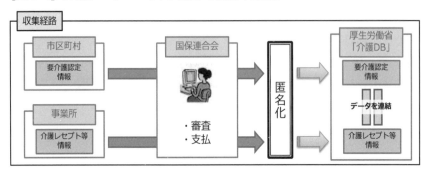

（出典）医療・介護データ等の解析基盤に関する有識者会議（第3回）資料

データベースによって全角と半角の違いで同じと判断できなかったことなどが知られている。多くの国レベルでのビッグデータが集積される中で，基本的な課題として残る問題である。

　また，対象期間がレセプトと特定健診には，ずれがあることにも注意が必要である。

　ただし，平成30年9月6日，厚生労働省老健局・保険局が示した「NDB，介護DB等の役割と解析基盤について（第1回　医療・介護データ等の解析基盤に関する有識者会議資料2-2（一部改変））にあるように，介護・医療関連情報をいろいろな角度から分析して「見える化」を進める方向で準備が進められており（図3-5），今後はこうしたビッグデータをさらに統合した情報活用も求められるであろう。データベース構築に当たっては，他のデータベースとの連結が禁止されていることが多く，国民的合意の下でさらなる活用の基盤構築が求められる。

（3）分析環境の構築（NDBオンサイトリサーチセンター）

　これまでに説明してきた国レベルのビッグデータでは，その利用環境を個人や一機関で構築することは困難であり，その解消のために現在構

72

【図3-5】介護・医療関連情報の「見える化」の推進

介護・医療関連情報の「見える化」の推進（イメージ）

地域包括ケアシステムの構築に向けて、全国・都道府県・市町村・二次医療圏・老人福祉圏・日常生活圏域別の特徴や課題、取組等を客観的かつ容易に把握できるように、介護・医療関連情報を、国民も含めて広く共有（「見える化」）するためのシステムの構築等を推進する

※黄色は開発当初想定したデータソースのうち、平成29年度までに実装したもの

(出典) 厚生労働省老健局・保険局「NDB、介護DB等の役割と解析基盤について」（平成30年9月6日）(2)

73

築中のNDBオンサイトリサーチセンターを紹介する。

　NDBオンサイトリサーチセンターとは，厚生労働省がNDBに関する技術的課題の解決と，そのための情報共有，第三者利用の推進を目指して設置された施設であり，厚生労働省以外に，東京大学と京都大学の2か所で試行的に運用されている。利用申請手続きは必要であるが，先に述べたさまざまなハードルを少しでも低くするべく，データの利用環境が整備されている。許可された利用者は，オンサイトリサーチセンターで決められたデータにアクセスするが，分析ログは厚生労働省がすべて記録し，利用者には集計情報データのみが渡される，という運用になっている[15]〜[17]。これらのオンサイトリサーチセンターの状況については，医療情報学連合大会でここ数年は毎年，一般開放に向けて環境が整いつつあることが報告されている[18]〜[20]。

　当初は，技術的にも運用面でもさまざまな問題を抱えていたが，研究者はかならずしもデータサイエンスの専門家ではないという前提に立って改善が図られている。結婚や転職・退職などのため患者のIDが途中で切れてしまうといった問題も抱えつつ，ある程度は患者単位，疾患単位などで集約されるようになり，そのための前処理工程の負担が減り分析がしやすくなっている。

　整備されているのは，データベース，処理基盤としてのソフトウェアであり，その機能・性能は強化されつつあって，研究者のストレスはかなり軽減されているようである。

　図3-6はオンサイトリサーチセンターでのデータ提供の概要を示している。

　この他にも，研究をサポートする情報源のサイトも開設されており，情報収集に役立つかもしれない。一例として，保健医療福祉介護関係の情報源を集約したサイトがある[21]。「4省の生命科学系データベースの統合を目指して」と題した，文部科学省，厚生労働省，農林水産省，経

【図3-6】オンサイトリサーチセンターでのデータ提供

オンサイトリサーチセンターでのデータ提供

平成27年4月オンサイトリサーチセンターが開設され、平成27年12月より東京大学にて、平成28年2月より京都大学にてそれぞれ試行利用が開始されている。

オンサイトセンターでの利用

データセンター

サーバー区画

>データセンターのスタッフはオンサイトセンターを利用し研究者が作成した集計表情報を確認し臨床気媒体に出力する。

オンサイトセンター

>利用者はオンサイトセンターに直接出向き、決められたデータにアクセスし集計作業を行う。
>厚生労働省は分析過程をすべてログ記録を残し、最終的に集計表情報を臨床気媒体に出力したものを、審査のうえ利用者に渡す。
>機器操作について、ヘルプデスクにより利用者をサポートする。
>研究機関などに、十分にセキュリティを確保した施設として整備する。

研究機関

>利用者が申出を行い、厚生労働省が申出を承諾すれば、利用者がオンサイトセンターに行き、データの集計作業を行う。
>研究機関に直接集計表データではなく集計表データを渡す。

現在の第三者提供

データセンター

サーバー区画

>依頼に応じ、データセンターのスタッフがデータを取り出し、媒体に複写する。
>複写された媒体を、厚生労働省に送付する。
>データセンター自体は施設な的なセキュリティが施設されている。

厚生労働省保険局

研究機関

研究区画

>実地監査を行うものの、利用者における実際の日々の利用状況を完全に把握するのは困難。
>研究機関そのものの構造により、セキュリティに限界がある場合がある。
>データ輸送時の紛失、漏洩というリスクも存在する。

（出典）厚生労働省 老健局・保険局「NDB、介護DB 等の役割と解析基盤について」（平成30年9月6日）(2)

済産業省による，生命科学系データベース統合のための合同ポータルサイトである。サイトの運営は国立研究開発法人科学技術振興機構，国立研究開発法人医薬基盤・健康・栄養研究所，国立研究開発法人農業・食品産業技術総合研究機構高度解析センター，国立研究開発法人産業技術総合研究所が共同で行い，サイトの管理は国立研究開発法人科学技術振興機構が行っている。

（4）分析手法・分析ツール

　ビッグデータが国規模で収集・構築される一方，蓄積されたデータの分析手法についても，幅広い分野で進展してきた。当初は，伝統的な統計手法を用いた分析が主であったが，構造化されていないデータも対象となり，データ量も数千万から数十億規模となったため，いわゆるデータマイニングのための新たな手法が開発されている。AI手法なども加わり，大量のデータから意味のある研究成果に結びつけられることへの期待が膨らんでいる。

　医療関連データにおいても，当初は，例えばExcel（Microsoft）のような表集計ソフトやSPSS Statistics（IBM）のような統計解析パッケージソフトなどを用い，対象データに詳しくかつデータ処理技術に長けたスタッフが分析してみることが多く，現在もその流れは続いている。一方で，最近では無料で提供されるR（R Development Core Team）やPython（Pythonソフトウェア財団）などのプログラミング言語や，有料のものが多いが後述するBI（Business Intelligence）ツールも使われるようになっており，分析のためのソフトウェア環境は格段に良くなっている。そのため，データ処理の技術そのものよりは，処理対象のデータを適切に取り扱い，その処理結果を正しく解釈できる力を持った人材が求められるようになってきた。

　BIツールとは，次のような機能を備えたデータ処理の統合環境を提

供するものである。

　　・データの収集・蓄積・統合
　　・データの集計・分析
　　・データの可視化　ダッシュボード　レポート出力機能
　　・ドラッグアンドドロップのような直感的な操作性

　データ収集では，ノンプログラミングあるいはSQLによるもの，集計・分析では入門的なガイドやテンプレートの装備や，問題を次々に詳細に深堀するドリルダウン，データマイニング機能など，データの可視化ではグラフ化はもちろん，パラメータの変更のみでダイナミックに状況を見せたりリアルタイムに変化を見せるなどの工夫がなされている。

　具体的な例を挙げると，有料のものとして，Tableau（Tableau Software），Oracle BI（Oracle），Power BI（Microsoft：Desktop版は無料），Actionista!（ジャストシステム），MotionBoard（WingArk1st）など，無料のものとして，Google Data Portal（Google）などがある。

　このようなBIツールを使うメリットは，

・大量のデータが扱えること
・Excelや統計ソフトのように，分析目的に応じて都度設定を変えたりプログラミングを修正する必要があるのに対して，BIツールではさまざまな角度で処理を進める仕組みがあるため，比較的簡単な設定変更だけで試行錯誤的にデータを見ることができること
・情報をリアルタイムに更新・表示できること

などが挙げられる。使いこなすにはやはりそれなりの知識や訓練は必要ではあるが，いったん環境を構築した後のデータの利活用の難易度は大きく下がるであろう。利用者は技術的課題にとらわれることなく，データの分析やその解釈・評価に集中できることになる。

　また，このようなツール等を医療データに適用して一般に無料で提供しているサイトも多くみられるようになってきている。いくつか事例を

77

紹介する。

①Tableau Public（石川ベンジャミン光一による公開データ）[22]
　石川ベンジャミン光一氏が，タブローソフトウェア社が提供するBIツールであるTableau Public環境下において，DPCデータやNDBデータをさまざまな切り口で可視化しているものである。パラメータを指定することでさらに細かくデータを見ることができ，研究テーマを探るのに適している。例えば，愛知県名古屋医療圏における4疾患（がん，心筋梗塞，脳卒中，糖尿病）の取扱い症例数のランキングなどがすぐに表示される（図3-7）。

②株式会社ケアレビューが運営するサイト[23][24]
　病院情報局：DPC全国統計の集計結果を，パラメータを指定することで可視化できるものである。疾患や地域などを絞り込んで概要を知るのに適している。また，各医療機関は自院の立ち位置が確認できる。
　医療介護情報局：厚生労働省（地方厚生局）や都道府県が公表している詳細な医療機関や介護施設の公的情報（オープンデータ）を集約した業務用データベースである。

③地域医療情報システム（日本医師会）[25]
　各都道府県医師会，郡市区医師会や会員が，自地域の将来の医療や介護の提供体制について検討を行う際の参考，ツールとして活用することを目的として構築されている。地域別，施設別の種々のデータが提供されている。
　その他にも，大学あるいは大学院の講義資料なども多数公開されており，次節の活用事例とともに，研究の糸口として大変有用と思う。

[図3-7] Tableau Public による画面例（地域を指定して4疾患の症例数の症例数順に表示した）

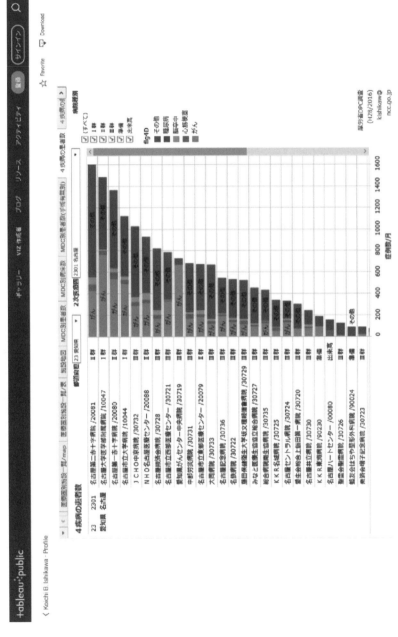

（出典）石川ベンジャミン光一による公開データ[(22)]より

79

3-2. 活用事例（学会発表の動向）

　本章の冒頭で紹介したように，医中誌Webの調査では，レセプトデータの分析をテーマとする研究発表数は年々増加し続けている。ここでは，情報システムの利活用という観点から，直近の日本医療情報学会やその他の学会における研究内容について事例を挙げて紹介することにする。この領域の研究を進めるうえで参考にしていただけると思う。

1. 日本医療情報学会秋季学術大会（2019年11月）から

　NDB関連では，シンポジウム「NDBオンサイトリサーチセンターの利用動向：今後の一般開放に向けて」において現状報告があった[26]。特に，使用経験者による「初学者による京都大学NDBオンサイトリサーチセンターの使用経験」と「NDBデータ解析の感想」は参考になった。

　一般演題では，NDBとDPCデータを使用して「放射線画像検査の利用実態における地域差分析」[27]と題してCTおよびMRIの検査実績の地域差分析を行ったもの，DPC/PDPSデータを使用して「脳卒中の医療提供体制における患者受療分析―DPCデータからみるt-PA静注療法の地域格差の状況」[28]と題して脳卒中の受療状況を把握したものなどがあった。

　また，複数のデータベースを用いた研究もみられ，「レセプト情報・特定健診等情報データベース（NDB）を用いた死亡アウトカムの追跡」[29]では，課題となっているNDBのアウトカム指標の一つである転帰データについて，国保データベースの転帰データと突き合わせることで検証する試みが，「国保データベースを用いた医療レセプトと介護レセプト連結における名寄せの課題」[30]では名寄せの問題を検証する試みが発表された。

このように，さまざまな角度から分析する試みが数多くなされている状況が分かっていただけると思う。

2.その他の学会等

多くの学会でレセプトデータを活用した研究発表がなされている。全国あるいは地域別の医療動向を可視化してその差異分析を行うことや，疫学的な研究の試み，薬剤の投与状況の分析，医療経営や医療の質評価への活用など，研究テーマも幅広く行われている。ここでは，レセプトデータが研究にどのように活用できるか，その可能性を把握していただくためにいくつか事例を紹介する。すべての文献を把握しているわけでもなく，事例としてピックアップするのも筆者の興味対象に偏っていると思われるので，あくまで参考にみていただきたい。

日本医療・病院管理学会誌には，「福岡県後期高齢者医療制度における集中治療受療率の地域差よりみた集約医療圏設定の課題」[31] と題し，レセプトデータを用いて医療圏別の集中治療機関の受療率に差があることを示し，その改善への提言を行っている。

日本公衆衛生雑誌には，「レセプト情報・特定健診等情報データベースを活用した都道府県の平均寿命に関連する要因の解析　地域相関研究」[32] と題し，都道府県別の特定健康診査項目および都道府県別生命表に記載のある平均寿命を使用して，都道府県間の平均寿命の格差に影響する危険因子を健診項目の中から推測している。

また，オープンデータの公表項目に薬剤が含まれることから，「日本における直接経口抗凝固薬（DOAC）の2014年度処方状況　日本のレセプト情報・特定健診等情報データベース（NDB）オープンデータを用いた疫学調査」[33] といった薬剤関連の研究テーマも多くみられる。

医療だけでなく介護との連携もこれからの重要な課題であり，社会保険旬報には，「医療・介護のビッグデータ分析　医療・介護レセプト連

結データを用いた高齢肺炎患者の医療介護サービス利用状況の分析」[34]，「医療・介護のビッグデータ分析　在宅医療・介護連携の質の評価のための研究」[35] などで「医療・介護のビッグデータ分析　訪問診療の種類別にみた利用者の特性分析」[36] など，同じ著者グループがいろいろな角度から多くの分析結果を順次発表している。

3. 活用事例から見える課題

　レセプト研究の根本課題は，第一に診療報酬請求のためのデータであること，したがって，月ごと，医療機関ごと，レセプト種類ごとに作成されるデータの個人単位での統合が必要なこと，第二に現在のところは個人を特定する唯一の個人IDが付与されていないこと，第三に蓄積されるデータ量は年々増加の一途をたどり，全データを対象にするのは困難なことなどである。だだ，この制約を十分に理解したうえで注意深く処理・分析・解釈すれば，大きな成果が得られることは間違いない。研究事例をできるだけ多く紹介したのもそのためである。これまでに述べたことであるがもう一度整理しておきたい。

　NDBに関しては，

・個人単位での各種データの相互関連を含めて分析できるが，データ利用には申請承認を経てかつ分析もその結果の取り扱いも諸条件を満たさなければならないこと
・NDBの利用には申請が必要であるが，今後オンサイトリサーチセンターが整備され一般に使えるようになれば，データの前処理や抽出，その後の分析において現在の制約が緩和されるであろうこと
・オープンデータでは個人単位の関連分析はできずとも，全国や地域での傾向分析には十分活用できるので，全体的傾向分析をしたうえでさらに詳細をNDBで深堀するというアプローチが考えられること

・オープンデータについては，公開のたびに利用者の声が反映され改善が進んでいるので，第5回以降はさらに利活用の幅が広がることが期待できること

などである。

　診療報酬請求のためのデータではあるが，クリニカルクエスチョンの立て方次第では医学的研究テーマでも成果は上がりそうである。国民の財産ともいうべき医療のビッグデータであるので，利用者を含む関係者が協力して育て上げていきたいものである。

[参考文献および参考URL]

(1) 厚生労働省「レセプト情報・特定健診等情報の提供に関するホームページ」
https://www.mhlw.go.jp/stf/seisakunitsuite/bunya/kenkou_iryou/iryouhoken/reseputo/index.html（2020年4月30日）

(2) 厚生労働省老健局・保険局「NDB，介護DB等の役割と解析基盤について」（平成30年9月6日）
https://www.mhlw.go.jp/content/12401000/000350567.pdf（2020年4月30日）

(3) 厚生労働省「利用を検討している方々へのマニュアル」
https://www.mhlw.go.jp/file/06-Seisakujouhou-12400000-Hoken-kyoku/0000117728.pdf（2020年4月30日）

(4) 厚生労働省「レセプト情報・特定健診等情報の提供に関するガイドライン」
https://www.mhlw.go.jp/stf/shingi2/0000135204.html（2020年4月30日）

(5) 厚生労働省「診療報酬情報提供サービス」
https://shinryohoshu.mhlw.go.jp/shinryohoshu/kaitei/（2020年4月30日）

(6) 厚生労働省「オンライン又は光ディスク等による請求に係る記録条件仕様（医科用）」
https://shinryohoshu.mhlw.go.jp/shinryohoshu/file/spec/30bt1_1_kiroku.pdf2020年4月30日）

(7) 高田充隆（近畿大学薬学部教授）「特別抽出でのデータ使用経験から」You-Tube MHLWchannel

https://www.youtube.com/watch?v=TmOuqCS8X9s&index=3&list=PLMG33
RKISnWjiXXj6lpX7t5FbsPcjeD1b（2020年4月30日）

（8）飯原なおみ（徳島文理大学香川薬学部教授）「サンプリングデータセットの
使用経験から—使って知った，サンプリングデータセットの利点」YouTube
https://www.youtube.com/watch?v=y8o2IETdGQY&index=4&list=PLMG33R
KISnWjiXXj6lpX7t5FbsPcjeD1b（2020年4月30日）

（9）厚生労働省「NDBオープンデータ」
https://www.mhlw.go.jp/stf/seisakunitsuite/bunya/0000177182.html（2020年4
月30日）

（10）厚生労働省「DPCデータの提供に関するホームページ」
https://www.mhlw.go.jp/stf/seisakunitsuite/bunya/kenkou_iryou/iryouhoken/
dpc/index.html（2020年4月30日）

（11）厚生労働省「DPCデータの提供に関するガイドラインについて」
http://www.mhlw.go.jp/stf/seisakunitsuite/bunya/kenkou_iryou/iryouhoken/
dpc/guideline.html（2020年4月30日）

（12）厚生労働省「DPCデータの提供に関するガイドライン」
https://www.mhlw.go.jp/content/000498905.pdf（2020年4月30日）

（13）国民健康保険中央会「国保データベース（KDB）システム」
https://www.kokuho.or.jp/hoken/kdb.html（2020年4月30日）

（14）内閣府「介護保険総合データベースについて」
https://www8.cao.go.jp/kisei-kaikaku/suishin/meeting/wg/
iryou/20181210/181210iryo01-4.pdf（2020年4月30日）

（15）厚生労働省保険局（2019）「レセプト情報等オンサイトリサーチセンター
（厚生労働省）の今後の方針について」
https://www.mhlw.go.jp/content/12401000/000484283.pdf（2020年4月30日）

（16）厚生労働省「オンサイトリサーチセンターにおけるレセプト情報・特定健
診等情報の利用に関するガイドラインについて」
https://www.mhlw.go.jp/stf/shingi2/0000135204_00001.html（2020年4月30
日）

（17）厚生労働省保険局（2018）「レセプト情報等オンサイトリサーチセンター
の現況について」
https://www.mhlw.go.jp/file/05-Shingikai-12401000-Hokenkyoku-Soumu-
ka/0000211811.pdf（2020年4月30日）

(18) 梅澤耕学（厚生労働省保険局）（2019.11）「NDBオンサイトリサーチセンターの利用動向：今後の一般開放に向けて　オンサイトをはじめとするNDBデータ利活用活性化の今後の見通しについて（会議録)」医療情報学連合大会論文集（1347-8508）39回，p.212

(19) 松居宏樹（東京大学大学院医学系研究科）（2019.11）「NDBオンサイトリサーチセンターの利用動向：今後の一般開放に向けて　NDBオンサイト（東京）における標準データマートとその限界（会議録)」医療情報学連合大会論文集（1347-8508）39回，p.212

(20) 大寺祥佑（京都大学医学部附属病院）・加藤源太・森由希子・黒田知宏（2019.11）「NDBオンサイトリサーチセンターの利用動向：今後の一般開放に向けて　レセプト情報等オンサイトリサーチセンター（京都）の現状と今後の展望（会議録)」医療情報学連合大会論文集（1347-8508）39回，p.213

(21) 文部科学省・厚生労働省・農林水産省・経済産業省による，生命科学系データベース統合のための合同ポータルサイト
https://integbio.jp/ja/
https://integbio.jp/dbcatalog/record/nbdc01635（2020年4月30日）

(22) Tableau Public（石川ベンジャミン光一による公開データ）
https://public.tableau.com/profile/kbishikawa#!/（2020年4月30日）

(23) 病院情報局（株式会社ケアレビュー）
https://hospia.jp/（2020年4月30日）

(24) 医療介護情報局（株式会社ケアレビュー）
http://caremap.jp/（2020年4月30日）

(25) 地域医療情報システム（日本医師会）
http://jmap.jp/（2020年4月30日）

(26) 加藤源太（2019.11）「シンポジウム『NDBオンサイトリサーチセンターの利用動向：今後の一般開放に向けて』」医療情報学連合大会論文集（1347-8508）39回

(27) 石川智基・満武巨裕・佐藤淳平・合田和生・喜連川優（2019.11）「放射線画像検査の利用実態における地域差分析」医療情報学連合大会論文集（1347-8508）39回

(28) 佐藤菊枝・小林大介・菅野亜紀・山下暁士・大山慎太郎・白鳥義宗（2019.11）「脳卒中の医療提供体制における患者受療分析―DPCデータからみるt-PA静注療法の地域格差の状況」医療情報学連合大会論文集（1347-

8508）39回

（29）久保慎一郎・野田龍也・西岡祐一・明神大也・中西康裕・降籏志おり・東野恒之・今村知明（2019.11）「レセプト情報・特定健診等情報データベース（NDB）を用いた死亡アウトカムの追跡」医療情報学連合大会論文集（1347-8508）39回

（30）明神大也・次橋幸男・久保慎一郎・西岡祐一・中西康裕・降籏志おり・東野恒之・野田龍也・今村知明（2019.11）「国保データベースを用いた医療レセプトと介護レセプト連結における名寄せの課題」医療情報学連合大会論文集（1347-8508）39回

（31）吉田真一郎・馬場園明・姜鵬・藤田貴子（2019）「福岡県後期高齢者医療制度における集中治療受療率の地域差よりみた集約医療圏設定の課題」日本医療・病院管理学会誌Vol.56，No.4

（32）井上英耶・鈴木智之・小嶋美穂子・井下英二・李鍾賛・田中佐智子・藤吉朗・早川岳人・三浦克之（2019.07）「レセプト情報・特定健診等情報データベースを活用した都道府県の平均寿命に関連する要因の解析　地域相関研究」日本公衆衛生雑誌（0546-1766）66巻7号，pp.370-377

（33）田中博之・持田有希子・石井敏浩（2017.11）「日本における直接経口抗凝固薬（DOAC）の2014年度処方状況　日本のレセプト情報・特定健診等情報データベース（NDB）オープンデータを用いた疫学調査」心臓（0586-4488）49巻11号，pp.1135-1141

（34）松田晋哉・藤本賢治・藤野善久（2019.09）「医療・介護のビッグデータ分析　医療・介護レセプト連結データを用いた高齢肺炎患者の医療介護サービス利用状況の分析」社会保険旬報（1343-5728）2759号，pp.14-21

（35）松田晋哉・藤本賢治・藤野善久（2019.03）「医療・介護のビッグデータ分析　在宅医療・介護連携の質の評価のための研究」社会保険旬報（1343-5728）2742号，pp.18-21

（36）松田晋哉・藤本賢治・大谷誠・藤野善久（2018.06）「医療・介護のビッグデータ分析　訪問診療の種類別にみた利用者の特性分析」社会保険旬報（1343-5728）2714号，pp.26-30

第4章
医療サービスマネジメント

マクロ環境において，ロンドンビジネススクールのリンダ・グラット
ン教授が提唱する人生100年時代が到来する。そのような環境の中，グ
ローバルな視点において，医療経営をめぐる課題は山積みであり，将来
を見通すことも難しい状況にある。

グローバルレベルで，円滑な医療マネジメントを推し進めるために押
さえるべきイシューをサービスマネジメントの観点から考察する。

4-1. 患者満足

患者は診察前に想定していた期待より，受けた診断・治療の結果が上
回った場合に満足する。患者の期待レベルには望ましい水準の期待（de-
sired service）と受け入れられる下限水準の期待（adequate service）が
ある。その間に許容の範囲（zone of tolerance）が存在する。患者の受
けた診断・治療が望ましい水準を超えると患者は満足し，一方下限水準
を下回れば不満を抱く。許容範囲に入る医療サービスには，満足も不満
も感じない。ただし，同じ患者であっても，許容の範囲は状況によって
変わる。

例えば，ある医療サービスを初めて利用する場合には，どんな医療行
為になるか不明なため，望ましい水準は低く，許容範囲は狭くなる。し
かし，二度目の場合は，望ましい水準の期待が高まり，許容の範囲も広
がる傾向にあるので，患者を満足させるハードルが高くなる。

1. 患者の満足度と患者ロイヤルティの相関

患者の満足度を高めてロイヤルティの高い患者を増やすことは，医療
機関においては重要なイシューである。ロイヤルティの高い患者とは，
特定の病院の医療サービスを好んで選択し，継続的に通院するなど，そ
の病院の医療サービスを支持してくれる患者のことである。多くの医療

サービスにおいて，患者満足度と患者ロイヤルティの関係はホッケース
ティックのかたちになると考えられる。

　患者ロイヤルティの状況を把握するための患者満足度調査は5段階で
問うことが多いが，レベル1（不満）から2（やや不満）や3（普通）に
改善しても，ロイヤルティにはあまり影響がないと考えられる。一方で
5（満足）の評価をつける患者はロイヤルティが非常に高い。

　つまり，評価が4（やや満足）以下であれば，何らかのマイナス評価
要因を持っており，いつほかの病院医療サービスに乗り換えるかわから
ない，つまりリスクが高い状態にあると考えられる。

2.患者のロイヤルティが医療サービス経営に与える影響

　ロイヤルティの高い患者は，病院等の医療機関の医療サービスの特徴
をよく理解して継続的に通院する場合にはマーケティングコストを抑え
ることができる。また，同病院内の他の医療サービスを積極的に利用す
る，有益かつ効果的なフィードバックをしてくれる等，病院にもたらす
バリューは計り知れない。

　さらに，同病院医療サービスの良さをSNSも含めクチコミ等でプロ
モーションしてくれるので，広告宣伝等のマーケティング費用や初心患
者獲得コストの低減も見込める。したがって，病院医療サービスにおい
ては患者を新規患者と既存患者に分けたうえで，患者数の増減だけでな
く，リピート率，離反率，通院継続期間等を指標にして，既存患者の動
向をしっかり分析・把握しなくてはならない。

　それは，他の病院医療サービスに乗り換えやすい患者を囲い込むため
の不毛な消耗戦を避け，ロイヤルティの高い患者を増やすことに注力す
るためである。なお，病院医療サービス体験の満足度が低かった患者が
及ぼす悪影響も，理解しておく必要がある。満足度が低かった患者が当
病院の医療サービスから離反するだけではなく，その不満や，場合に

よっては怒りがSNSも含めクチコミ等で拡散することにより当病院医療サービスのイメージが悪化し，ブランドにも傷がつき，他の患者の離反や新規患者獲得の減少につながるリスクも考えられる。

3.患者等の期待値のコントロール

　患者の期待を形成する要因には，病院等の医療機関自体のコントロールが容易なものと，そうでないものがある。コントロール可能なものは，医療サービスの価格，広告，宣伝，施設，病院の立地等の要素である。患者は事前にこれらについて情報を入手し，他の病院の医療サービスと比較検討する場合もある。したがって患者に，事前にどのような期待を持ってもらいたいかを考え，各要素を設計することが鍵となる。

　リピート利用の場合には，患者自身の過去の受診経験が期待の形成に大きく影響する。患者に常に満足してもらう必要はあるが，過剰なサービスで期待水準を高めすぎると，次回以降の利用で満足度が下がるリスクが生じる。長期的な視点で病院の現場が患者の満足を維持できるよう，一定のコントロールを行う必要があると考える。

4.医療サービス・プロフィット・チェーン

　サービス・プロフィット・チェーンは，ハーバード・ビジネススクール教授のジェームズ・ヘスケットらが米国のサービス企業を詳細に分析し，さまざまな経営指標の間の因果関係を明らかにしてモデル化したものである。特に従業員満足度と顧客満足度に注目し，それらが好循環を描くメカニズムを設計すれば，企業利益・企業価値の最大化につながると考える。

　サービス企業のパフォーマンス向上に必要な経営の視点を，科学的に提供してくれる概念である。ヘスケットらは，サービス・プロフィット・チェーンのベースとなる因果関係として，次の7つを挙げている。

【図4-1】ホッケースティック・ロイヤルティ

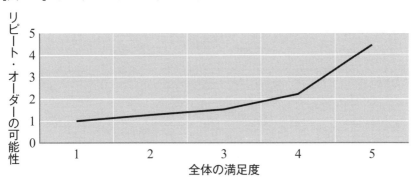

（出典）アルブレヒト他著（2003）

①サービス企業の社内サービスの質が，従業員満足に影響を与える
②高い従業員満足が，高い従業員ロイヤルティを生む
③高い従業員ロイヤルティが，従業員の生産性を高める
④高い生産性が，サービスの価値を高める
⑤高いサービス価値が，高い顧客満足を生む
⑥高い顧客満足が，顧客ロイヤルティを高める
⑦高い顧客ロイヤルティが，企業の業績向上（成長や高い利益率）につ
　ながる

　このように因果の順序（流れ）が明確になることで，経営者は自社が
提供するサービスの経営状況を俯瞰して，自社の業績を向上させるため
にどこから着手すればよいか，現状の問題を解決するためにはどこをテ
コ入れすべきか，といったことを理解しやすくなった。実際に，サウス
ウエスト航空やザ・リッツ・カールトン，スターバックスといった，優
れたサービスを提供して成長した企業では，サービス・プロフィット・
チェーンが実によく機能している。このサービス・プロフィット・

【図4-2】 サービス・プロフィット・チェーンの流れ

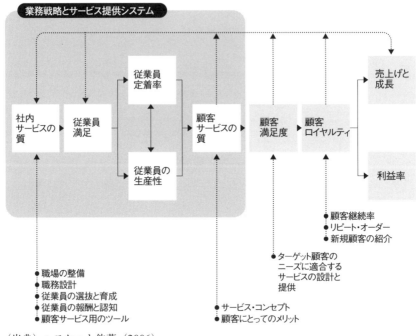

（出典）ヘスケット他著（2006）

チェーンの考え方は，無論病院にも取り入れられ，その有効性も報告されている。医療サービスの場合は以下となる。

①病院内サービスの質が，医者・看護師・事務員等の病院従事者の満足に影響を与える
②高い病院従事者満足が，高い患者ロイヤルティを生む
③高い病院従事者ロイヤルティが，従事者の生産性を高める
④高い生産性が，サービスの価値を高める
⑤高いサービス価値が，高い患者満足を生む
⑥高い患者満足が，患者ロイヤルティを高める

⑦高い患者ロイヤルティが，病院の業績向上（成長や高い利益率）につながる

5.医療サービスのサティスファクション・ミラー（鏡面効果）

　医療サービスにおいて，患者満足と強い相関があると言われているのが医療機関従事者（医師，看護師，事務員等）満足である。従事者が提供するサービスによって患者が満足し，従事者に感謝を伝えると，その従事者は自分の仕事に誇りと愛着を持つようになることでモチベーションが高まり，さらに良いサービスを患者のために創意工夫するようになる。

　そして，より高品質な医療サービスを受けた患者はさらに満足し，ロイヤルティを高めてリピーターになり，それがさらに従事者の満足度を向上させていく。このように患者満足と従事者満足が相互に影響を与え合う，好循環の関係にあることを，サティスファクション・ミラー（鏡面効果）と言う。

6.理念浸透とトップのコミットメント

　医療サービスにおいて，エンパワーメント（現場への権限・裁量移譲）を医療従事者満足度の向上につなげ，個々人の実力を最大限に発揮させるには，ミッション・ステートメント（病院理念や行動指針）の浸透が不可欠である。なぜなら，エンパワーメントされた医療従事者が現場で，自分の裁量で判断するためには，そのよりどころとなる判断の軸が医療機関組織全体で統一されている必要があるためである。ただし，その判断軸をルールや規則のみでしばると，現場で状況に合わせて工夫する余地がなくなり，場合によっては，提供する医療サービスが患者の求めるものとズレが生じ，結果として患者満足度の低下につながりかねない。

判断軸のもとになるべきは医療従事者個人の価値観であり，個人個人がそれに従って自律的に判断し，行動する。その状態にするためには，医療従事者が病院の理念を自分の価値観に組み込んで体現すること，言い換えれば個々人の価値観と病院理念が同期，つまりシンクロしていることが重要であり，それが高い患者満足度の実現につながるのである。

7.医療従事者満足度向上の施策

　患者満足度を高めるカギが医療従事者満足度にあるため，病院は患者だけでなく，医療従事者にもきちんと目を向ける必要がある。医療従事者のニーズに焦点を当てて満足度を向上させる経営アプローチを，インターナル・マーケティングという。なお，患者向けのマーケティングはエクスターナル・マーケティングである。

　医療従事者の満足度が向上すれば，クチコミなどでさらに優れた医療従事者を呼び込む効果も期待できる。医療従事者の満足度を高めるうえでは，エンパワーメントに加え，人事システム，つまり採用・育成・配置（業務付与）・評価・報酬のそれぞれにおいて工夫が必要である。医療従事者が自分の力を最大限に発揮できる組織をつくり，医療従事者満足度の高い病院等の医療機関では，以下のような工夫がよく見られる。

①採用：学歴や技能，専門知識，経験だけでなく，価値観や性格を重視する。
②育成：スキルを強化する教育・研修だけでなく，医療機関として目指すべき崇高な理念を明示し，その浸透に向けて十分な時間と手間をかけた教育・研修を行う。また，個々人のスキルレベルを可視化する工夫を取り入れ，スキルアップを動機づける。
③配置（業務付与）：マニュアルやルールによってサービス品質を担保しつつ，業務付与においてはルーティンワークを超えた活躍を医療従

事者に促す。現場から入った医療従事者が，その後の活躍や適性次第で管理職や経営職へと昇進する機会を与える。

④評価：定量的な結果指標による評価だけでなく，そのサービスの目的（理念）にかなう行動を評価・称賛する。また，アンケート等によって定期的に患者の評価を受ける仕組みをつくり，医療機関組織内では上司からの評価だけでなく，同僚や他部門の医療従事者も含めた360度評価による多面的評価を行う。これにより自分自身の行動や態度等の客観的な理解を促すことが期待できる。

⑤報酬：金銭的報酬のみならず，非金銭的報酬（周囲の仲間からの感謝・称賛，ワークライフバランス，自己成長・能力開発の機会付与，労働環境の整備等）も含めたトータル・リワードという考え方で報いる。

8.医療サービスのグローバル展開の障壁

　海外への医療サービスの展開においては，多くの参入障壁が存在する。その一つが現地の法規制や許認可である。金融や情報通信，メディア，運輸等と同様，医療サービス業の参入は，法律によって厳しく規制されていることが多い。医療サービスの参入が雇用創出につながることよりも，国内のサービス業への脅威と捉えられ，業界秩序や商慣習が損なわれることが危惧されているためである。さらに，現地における人的ネットワークが構築できていないことも，障壁の一つになっている。そのため現地の情報，例えば好立地の物件情報や当局の意向等にアクセスできず，不利な条件での戦いを強いられることになる。

　医療サービス業のグローバル展開においては，その国や地域ごとに歴史的・文化的背景を色濃く反映した医療サービスになっている点を心にとめておく必要がある。それゆえ，現地事情にくわしい適切なパートナーを早期に見つけることが，非常に重要になる。長い時間をかけて

じっくりと現地のパートナー選びを行い，最終的に理念・価値観を共有できる相手と提携して事業を進める。文化や価値観，言語の違いによる参入障壁を乗り越えるためには，徹底した理念教育や人材育成がカギとなると考える。

9. 医療サービスの労働投入量の低減

　同じアウトプット（成果）を生み出すのに必要なインプット，つまり労働投入を減らすには，サービス提供に伴う無駄な作業プロセスを省くことが考えられる。そのために作業を可視化して効率的なプロセスを設計し，現場での浸透を図っていく。さらにプロセスは常に継続的に改善を繰り返していくことが肝要である。

　また，労働投入量を減らすには，手間がかかったり，難易度が高かったりする作業を機械やロボット，ICT（情報通信技術）で代替するのが一般的であるが，もし可能な場面では，セルフサービスのように患者に協働してもらう策も考えられる。医療従事者のモチベーションや習熟度合いを高めて作業効率を上げることが可能となれば，労働投入量減少につながることも考えられるので，そのための研修や評価報酬制度等の仕組みは，生産性向上の観点からも必要と思われる。

　さらに分業化を進め，一人の医療従事者が取り組む業務範囲を狭めることによって，習熟しやすくすることもできる。なお，機械やロボット，ICTで代替するにせよ，分業化によって医療従事者の習熟を図るにせよ，標準的な作業プロセスが見えていることが大前提であり，可視化と標準化が労働投入量を減らしていくうえでは必要なステップとなる。

10. 患者満足・医療従事者満足と生産性との両立

　生産性の向上は医療サービス経営の重要な課題であるが，患者満足や医療従事者満足に悪影響が出ないように注意したい。分業化や標準化を

進めすぎると，単純作業の繰り返しとなって医療従事者満足度が低下することもあれば，無駄と判断して省力化した作業プロセスが，患者にとっては満足を生み出す源泉であったりすることもある。

　患者満足，医療従事者満足と高い生産性との両立は理想論ではなく，一般的に優れたサービス企業の多くでは実践されている。作業の標準化や，機械・ロボット，ICTによる代替，医療従事者のスキル向上といった努力の多くは，医療サービス品質を安定化させるのに寄与する。優れた医療サービス品質が患者満足につながるのはもちろん，医療サービス提供に携わる医療従事者の満足にもつながっている。

11.医療機関のアライアンス

　アライアンスとは，複数の医療サービス期間が互いに経済的なメリットを享受するために，緩やかな協力体制を構築すること。一つの医療サービスに統合する必要があるM&Aに比べて，時間・資金をそれほど要することなく進めることができ，思惑が外れた場合の解消も容易にできる点で異なる。ただし，緩やかな結びつきであるために，アライアンスを構築した後のコントロールは各医療機関に委ねられ，シナジー（相乗効果）が当初想定したほど発揮されない場合もある。

　医療機関にとって，「ヒト・モノ・カネ」の資源は有限であり，経営者は，限られた資源を有効に使って医療機関の企業価値を最大化することを求められている。有限資産である「ヒト・モノ・カネ」を有効に使うために，異なった競争優位性を持った強者同士が組む戦略的提携（strategic alliance）はお互いの独自性を維持しながら技術面，生産面，販売面などで補完することができるために成功する確率が高くなる。

　以前は，IT・電機・通信・金融など競争が激しい業界を中心として，アライアンスが活発であったが，株式交換などが活発になるにつれて，多くの業界においてアライアンスが展開されている。

12.医療機関のアライアンスにおける課題

アライアンスはうまく活用すれば，医療の経営資源の有効活用につながるが，いくつかの落とし穴も存在する。まず意識すべきことは，情報やノウハウの流出防止である。これには二つの意味がある。ライバルの医療機関に盗まれないようにするということと，医療機関内でそうしたノウハウをしっかり伝承することである。前者は守秘義務契約の徹底などで防げるが，後者の場合は制度的なことよりも文化的な問題が大きい。特に暗黙知的なノウハウの伝承の難易度が高い。

もう一つの課題は，取引コストや労力の増大である。たとえば病院等の医療機関の文化や守秘義務に対する意識で温度差のある医療機関とアライアンスを組もうとすると，予想以上に現場が混乱・消耗し，当初想定した効果を得られないことが多い。技術提携そのものは医療機関の経営判断だが，実際に技術のすり合わせややり取りが行われるのは現場であるという点は意識すべき重要なポイントである。

13.医療技術提携

技術提携は広義にはライセンシングも含むこともあるが，外部技術の購入・活用だけでは提携とは考えず，相手の医療機関との研究開発や医療サービスオペレーションに関する協業や，密なコミュニケーションを伴う場合を指すことが一般的である。オープンイノベーションも技術提携の一形態と考えられる。

オープンイノベーションとは，ハーバード・ビジネススクールにいたヘンリー・チェスブロウ博士によって2003年に提唱された概念であり「企業の内部と外部のアイデアを有機的に結合させて価値を創造すること」と定義されている。

オープンの概念の一つは技術やアイデア獲得の「入口」にかかわるものである。医療機関等が新技術や新サービスを開発するにあたって，内

【図4-3】技術提携のタイプ

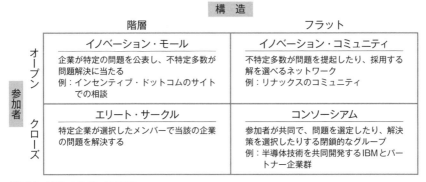

構　造

	階層	フラット
オープン	**イノベーション・モール** 企業が特定の問題を公表し、不特定多数が問題解決に当たる 例：インセンティブ・ドットコムのサイトでの相談	**イノベーション・コミュニティ** 不特定多数が問題を提起したり、採用する解を選べるネットワーク 例：リナックスのコミュニティ
クローズ	**エリート・サークル** 特定企業が選択したメンバーで当該の企業の問題を解決する	**コンソーシアム** 参加者が共同で、問題を選定したり、解決策を選択したりする閉鎖的なグループ 例：半導体技術を共同開発するIBMとパートナー企業群

参加者

(出典) ピサノ他著 (2009)

外を問わず各所から技術やアイデアを結集してイノベーションを促進していく。産官学連携プロジェクトや大企業とベンチャー企業による共同研究，関係機関との共同研究等が例として挙げられる。

　参考までに2008年に武田薬品工業が傘下に治めたアメリカのミレニアム・ファーマシューティカルズ社は，もともとバイエルなどの大手製薬メーカーと技術提携を行い，ノウハウや人材を提供することで製品開発を加速した。

14. 医療機関のグローバルネットワーク構築

　医療機関においても，特にICT関連などネットワーク効果を効かせるためには，多くの国で利用されるプラットフォームの構築が重要となる。ここでのプラットフォームとは，患者，医療機関，医療関係者，そして情報が集まる場であり，付加価値を生み出していくための基盤である。

　グーグル，アマゾン，フェイスブックに代表されるウェブサイト企業は，このプラットフォームによって新しい事業の生態系を生み出している。多くの国で利用されるためには，プラットフォームを利用する患

者，医療機関，医療関係者が，自由に，安価で，便利に利用できることが必要条件となる。その構築は先行投資を伴うが，魅力的な場として国境を越えて利用されるようになると，加速度的に規模が拡大することが考えられる。

15.医療機関におけるバウンダリー・スパナー

グローバルに病院を代表とする医療機関同士のネットワークにおけるコミュニケーションのあり方は，効率的な医療サービスの運営において重要なカギを握っている。

グローバルにマトリクスの縦と横，あるいは斜めに調整すべき相手の医療機関が存在することで，迅速かつ適切な意思決定が阻害されることもある。

そこで，積極的に他の医療機関等の人脈にリーチし，個人的なネットワークを活用して効果的なコミュニケーション，意思決定をサポートする人材の重要性が高まっている。

異なる組織や文化の間の境界をつなぐ人材を，組織行動の領域ではバウンダリー・スパナー（Boundary Spanner）と言う。つまり自身の組織に軸足を置きながらも，他の組織や領域にネットワークを拡大し，業務の効率的遂行を担う人材である。

個人が自らの意思で非公式に活躍するケースもあれば，組織としてそのような役割を定義し，公式なポジションや仕組みとして取り入れることも可能である。

業務提携などにおいての医療機関同士をつなぐ責を担うのがバウンダリー・スパナーである。グローバルレベルでの提携は，今や医療業界においても戦略上欠かせない施策となっている。その意味でも，グローバルレベルで医療機関におけるリーダー人材に，バウンダリー・スパナーとしての能力が要求される。

【図4-4】バウンダリー・スパナー

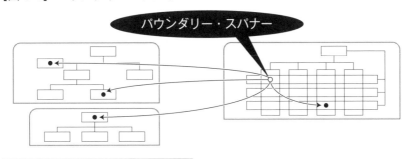

バウンダリー・スパナー（境界連絡者）

・境界を越えて人々をつなぎ，縦横無尽に組織行動に影響を及ぼす者
・ビジョン，アイデア，情報，ヒト，資源を動かすために必要なグループ同士を積極的にリンクする
・えてして表面上の公式権限は大きくないが，必要な資源へのアクセスの良さ（中心性）が，組織に風穴を開けるうえで重要となる

（出典）グロービス経営大学院（2015）

16．グローバルレベルでの医療機関同士の異文化理解

　グローバルレベルで，医療機関同士のネットワークの構築，協働，さらには提携を円滑に進めていくためには，異文化マネジメントの理解が必要である。グローバルレベルでの医療ビジネス成功の鍵は，異文化を理解する力と言っても過言ではない。

　異文化を理解する前に，まずは自分が持っている常識が世界中全ての人に通用するものではないことを自覚することが必要である。

　そして文化の違いについて推察するための知識を持つことが必要である。ここで言う知識とは，個別の国に関するステレオタイプ的な知識ではなく，文化の違いを読み解くための汎用的な知識である。国，地域，民族レベルの価値観，文化が形成されてきた文化的背景等の理解である。

　異文化を理解した上で，育った環境や価値観が異なる人と協働するために，行き違いや誤解を生むことなく，確かな信頼を築いていくプロセ

スが肝要である。信頼を築くために重要なことは，お互いをリスペクトすること，さらにはお互いから学び合うという姿勢が医療サービスマネジメントにおいてより良い結果を紡ぎ出すことが最近の多くのダイバーシティ（多様性）研究からも明らかにされている。

［参考文献］
カール.アルブレヒト・ロン.ゼンケ著，和田正春訳（2003）『サービス・マネジメント』ダイヤモンド社
グロービス経営大学院（2015）『グロービスMBAマネジメント・ブックⅡ』ダイヤモンド社
ジェイムズ.L.ヘスケット・W.R.サッサー.ジュニア（2006）「サービス・プロフィット・チェーン」『DIAMONDハーバード・ビジネス・レビュー　2006年11月号』ダイヤモンド社
ゲイリー.P.ピサノ・ロベルト.ベルガンティ（2009）「コラボレーションの原則 —「開放系か閉鎖系か」「フラットか階層型か」」『DIAMONDハーバード・ビジネス・レビュー　2009年4月号』ダイヤモンド社

第5章
サービスと人材育成

現代社会は，技術革新やビジネスのグローバル化の影響，また少子高齢化の進行，人口減少など，産業や労働を取り巻く環境は大きく変貌している。そしてIT化や業務の効率化・多様化等により，労働市場における就業者に求められる能力も変化している。コミュニケーションを含む社会人基礎力は，どの産業にも不可欠なものであるものの，全産業に占める第3次産業の割合が増加していること，第1・2次産業の変質（サービス業化）も加わり，その重要性はより増大しているものと考える。この産業構造とともに労働環境（求められる能力）の変化は，若年者の離職率の増加の要因になっているものと推察される。

　本章では，さまざまな分野における人材の育成と確保に向けた取り組みについて，その分野の事例を通して紹介する。医療にどう活用し，応用しうるかを考える指針とされたい。

　職務に対する満足度は，組織内での個人のキャリア形成に大きく影響し，社員のモチベーションが高いと企業業績が良いことは，さまざまな研究から一般通念となっている。若年者の離職に悩む医療産業を担う企業の人材育成の事例をもとに，従業員へのカウンセリングから見えてきたGAPの存在を明らかにし，このGAPに対処する人材育成プログラムの開発について述べる。

　観光分野においては，近年コンテンツツーリズムという形態が注目を浴びてきている。ここ数年では，アニメ・漫画・ゲーム作品といったサブカルチャーと関わりのあるツーリズムが増加し，イラスト等を利用した舞台探訪などにより，観光客が増加したケースも多い。なかでも，アニメと関わりのある観光客誘致のケースでは，大きな経済効果を地域にもたらした成功事例としてメディアでも取り上げられた。ツーリズムが成功した地域では，次のステージへ継続させるために地元を巻き込み人材育成に力を入れてきたところもある。そのため，コンテンツ自体が古くなっても継続して新しいコンテンツの投入をはかり，集客も維持しな

がら人材を育成し，本来の地域からの広がりを見せているところもある。

　ペット産業においては，ペットは癒しを与える存在というだけでなく，医療・福祉の分野では，障害を持つ人の自助具として補助犬（盲導犬，介助犬，聴導犬）が誕生し，障害者のQOLの向上や自立支援に貢献している。社会的に見ても，介助犬の認知が広まり，介助犬との同伴が可能な公共施設や交通機関，飲食店などが増えている。この他にも，動物介在活動，動物介在療法，動物介在教育などのアニマル・セラピーも行われている。また，福祉サービスの現場においては，少子高齢化による労働人口の減少，地方の過疎化，限界集落などの課題は山積である。人材の確保も難しく，市場は売り手傾向にある。特に福祉分野では他の業界よりその傾向は強くなっている。

　一方，海外での人材の確保についてはどうか。以前まで，日本企業のアジアへの進出は，「豊富で安価な労働力」を有する中国に向いていた。しかし，そうした状況の中，中国投資へのリスクの顕在化で，近年は東アジアが注目されてきた。アジア開発銀行（ADB）は2019年版「アジア経済見通し」の修正版で，2019年の東南アジアのGDP成長率が+4.4％になるとした。タイは消費や投資の減少などから，3.0％から2.6％に下方修正した。日本をはじめとする海外直接投資の増加などの期待からベトナムは6.9％と，0.1ポイント引き上げた。日系企業でも新興国の市場開拓に向けた取り組みは加速している。しかし，近年の労働者の確保難と賃金の高騰は，それらの国にも現れはじめた。東アジアでは，失業率は低下しているものの各国の労働法の改正により，進出した日系企業へも影響を与えている。タイでは，深刻な人で不足となり，賃金も年々上昇し続けている。シンガポールでは，外国人の雇用抑制に日系企業も人材の確保と育成が課題となっている。ベトナムも賃金の上昇は続いている。

5-1.中小企業の人材育成

　最近では，若年者の職場のストレスやメンタルヘルスの問題がクローズアップされている。私たちを取り巻く社会や産業構造の変化は，労働者の心理・精神面にも大きな影響を与えていると言えよう。また，職場における個人と企業の意識の隔たりも課題の一つであり，その隔たりを埋められずにいる場合，個人のキャリア形成はストップし，メンタルヘルスの悪化や離職に繋がっていく。こうした状況下，コミュニケーションツールとして「調和の場」を提供する役目を担うキャリアカウンセリングの存在意義が近年取り上げられている。

　調和の「場」を提供し，企業と社員の隔たりを埋めることは，社員の職務の満足度へも繋がると考える。キャリア・コンサルタント，もしくはそのスキルを持った人物が関わることで企業と社員のGAPは軽減されたことが見受けられ，キャリア・コンサルタントの効果的な関わり方について述べる。

　事例は，製造業でありながら医療サービス業の側面を担う中堅中小企業において，企業と社員の抱えている問題を分析し，問題解決に向けた取り組みや効果的な人材育成を見ていく。

1.企業の現状

　事例は，社員数200名，うち正社員は70名。毎年一定数の新卒採用を行っている。社員の年齢は40代（パート）が多くを占め，次いで20代（正社員）となっている。社員の職種は，総務・経理を除きほとんどが専門職・技術職となる。

　今までは特に競争対象となる企業は無かったが，ここ数年，県外資本が入ってくるようになり，実際，長年の受注先から取引を断られたケースも出てき始めた。また，入札で負けることもあり，受注先の開拓に力

【図5-1】A社組織図

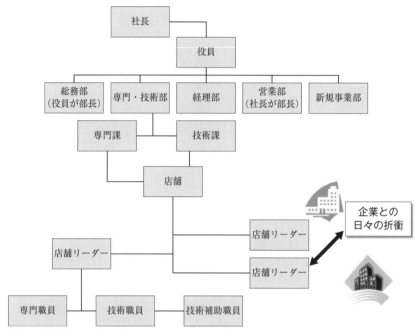

（出典）筆者作成

を入れなければならない。今のラインだけで今後生き残っていけるのか
不安はある中で，新入社員の1年以内の離職が多いのが現状である。

①勤務地が県下に点在し，定休日も無いため，集合研修ができない状
　況。勤務年数やスキルに合わせた集合研修を行うことで，課題の共有
　や社員の交流を図りたいと考えている。
②現在の人事制度の見直しと人事考課制度の構築を図りたいと思ってい
　る。
③一部の技術職については，キャリアモデルもいるため将来像を意識し
　やすいが，他の職種については，キャリアモデルもおらず，意識する

機会も無いので将来像を意識させたいが祖仕組みが無い。

④これから事業も拡大するうえで，採用の拡大と新入社員の定着率を上げたいと考えている。

2. キャリア・コンサルタントの関わり

　役員（2名）と社員（専門職2名・技術職18名）へのカウンセリングから，企業が見えていなかった問題点が明確になる。まず，従業員の不満を上司が把握できていないという点が一番大きな問題であった。仕事内容は全く同じにも関わらず，持っている資格が違うだけで能力評価の基準が大きく違うことについての不満や，リーダーに任命されても，リーダー研修や育成のためのプログラムが無く，いきなり経験のない外部交渉をさせられることへの不安などが上がった。従業員は不満や不安を伝えてきたつもりだが，上司は重要な課題とは思わず，聞き流している状況である。

　これとは反対に，企業側は人事に関する改革や社内の評価の仕組みをこれから見直すことを従業員に伝えているが，社員にはその意図がきちんと伝わっていないことも見えてきた。そして，企業は従業員の自主性を大事にしたいという意向から，社内提案制度も設けているというが，従業員はその存在を全く知らなかった。なぜ社内提案制度について意思の疎通が図れていないかという点については，若手管理職会議等でアナウンスしているだけであり，一部のものしか知らない，各支店に会議の内容を持ち帰っても報告の中に入っていない，社内提案制度として規定された文書はなにもない，という問題がある。会社側は，社員から提案が全く上がってこないので，いい制度はあるのにも関わらず，従業員が積極的に何かをしようという動きに全然繋がらないと受け止めており，自社の従業員が新しいことに取り組む意欲や進んで何かを変えていこうとする力が不足していると判断をしていた。

【図5-2】A社組織図

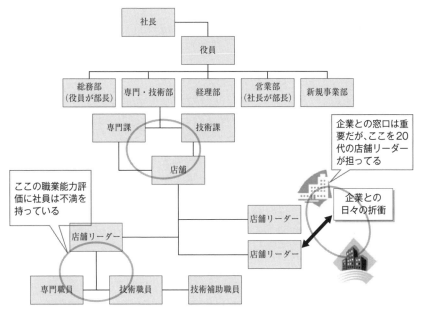

（出典）筆者作成

　また，上司は，このような状況に陥っているのは，従業員に何かを考える余裕が無い状態にあると自己判断をし，従業員を取り巻く環境整備が必要だと感じている。この状況を打破したいので中間管理職を巻き込んでキャリアアップする仕組みや，社外研修制度の充実，新規企画へチャレンジしやすい仕組みを作りたいと望んでいる。

　ただ，この企業の中間管理職の半数は20代であり，まだまだ現場のマネジメントに余裕がないのが現状である。企業としては，取り組むべき課題は色々と感じているものの，優先順位をつけられていないことと，従業員に優先順位の基準となるものが全く提示されていないため，彼らは企業の「コアバリュー」が分からないのである。また，入札で新しい企業との取引が始まったが，前回の取引先との問題点や課題，改善

店頭を把握することなく取引は開始する状況で，企業にも現場の人員数にも余裕がない状況が見えてくる。人員数に余裕がないのは，離職率の高さがあるが，これはまさに悪循環となっていることがわかる。

3.現場を担う人材の育成に向けて

　企業と従業員へのカウンセリングから，企業の見えている課題と見えていない課題，社員の抱えている課題と気づいていない課題や相談内容をキャリア・コンサルタントが企業へ提示をした。そこから，企業側の実際の行動として変化したのは，新規事業先への企業の取り組み姿勢を伝えるために，その事業先で行った従業員へのマナー研修であった。これは，新規事業先から前回の他社委託先との課題の中で，社員のマナーがなっていないと言うことがあり，早速に取り組んだものである。新しい委託先に派遣される社員と委託先社員とのコミュニケーションを図る最初の場にもなる。このことは，新規委託先に派遣される社員の不安解消にも大変役に立った。実際に社員からの声として，仕事に入る前の準備期間として数回のマナー研修は新しい企業の様子を知ることができ不安解消に繋がったことや，委託先の社員とコミュニケーションを初めて取るときのツールとしてこの研修が良かったことが挙げられた。そして，マナーだけでなく自己分析，自己理解などの研修をすることで，自分を客観的に見ることや会話の中での聴く姿勢，相手への伝え方などコミュニケーショ技術の獲得を目指した研修内容にも従業員の満足度は高かった。この研修の取り組みは，従業員の異動先への不安解消に良い影響を与えていた。今後，新規委託先にはこの方法を継続していくこととなった。この研修が早くに実現したのは，新規委託先との関係構築に有効であると考えたトップの判断が大きい。

　離職については，技術職，専門職で採用されるため，現場からはほとんど即戦力としてみなされる新入社員や中途採用社員の抱える不安と，

現場から求められる即戦力とのGapが離職に繋がっているケースもあった。最初のコミュニケーションが人間関係の構築に影響を与えるため，ここで仕事の進め方の相談や不安などを相談できる関係に躓くとストレスを抱え，離職理由の上位にある「仕事へのストレス」「人間関係」の問題を抱えることになる。実際に現場からも。現場の従業員同士の交流が持てる時間や他の現場の社員との交流が持てる仕組みが欲しいとの声は上がってきている。

　これに対し会社側は，従業員は時差出勤が多い職場なので，従業員同士の交流の時間への対応は難しいと考えている。

　企業側は，今後の事業拡大に伴い毎年新卒を増やしていきたい意向があるが，この点については，受け入れる各支店からは，即戦力で使えないので研修期間を経て来て欲しいとの要望がある。現場では，人員不足の中をやりくりしている状況なので新入社員の育成に余裕が無いのが現状である。従業員の育成がうまくいっていないことで，現場の管理職となる責任者も20代が多く，若手幹部候補生の教育については現場には熟練の指導者がいないので大きな課題として残る。現場の若手責任者は，委託先企業との折衝に年齢や経験の浅さで不安を持っているため，従業員の育成のためにも研修制度の充実が急務である。

　この点では，若い幹部候補生の教育研修については，年数回のOff-JT研修に頼っていることもあり，外部の研修等に参加させるという仕組みもあるもののうまく機能していなかった。社内のキャリアアップの仕組みやOJT，Off-JTの明確な研修制度が社員に向けて提示されていないことも従業員の不安の一つとなっていた。

4. 人事制度との連動および研修の効果

　人事評価についても部署ごとに評価内容が違い過ぎ，統一された評価の部分がないことで社員からはわかりにくい人事評価への不満があるこ

ともわかった。具体的には，事務職には「身だしなみ・挨拶」という評価項目があるが，技術職には無いということなどが挙げられた。この「身だしなみ・挨拶」は会社の理念にも関係することなので，若手の会議での意見から，従来の人事評価制度そのものの見直しを考えることとなった。

　また，新規店舗へのマナー研修の導入は，各支店で継続されており，研修への満足度は高く初対面のコミュニケーションの不安が解消されている。さらに現場の従業員だけでなく，委託先のトップも数名参加することにより，お互いのコミュニケーションを図ることで，より委託先との垣根も低くなり，委託先からの良い評価にも繋がり始めた。若手幹部の取引先との折衝への不安を解消するために，本部の担当者が同行するなどのOJTの方法が取られることとなった。OJTを増やすことで若手の不安を解消し，人材の育成をOJTへと舵をきり始めた。また，支店の担当者が本部に集まる会議の回数が以前より増え，情報共有や提案なども伝えやすい仕組みに変えていった。そして，本部の担当者の支店への巡回回数も増え，若手幹部にとっては安心できる材料となった。Off-JTについても積極的に外部に行かせることで，異業種間交流から得ることも多くなり，結果，以前より風通しは良いと従業員が感じるようになってきている。ただ，現状はまだ教育担当者が現場の巡回や契約の獲得などさまざまな業務を担う中で社員教育を行っているため，幹部候補生への現場でのマネージャーの育成には時間がかかっている。

5.GAPの分析とキャリア・コンサルタントの関わり方

　企業には，①今の状況（今の人材）と②なりたい姿（求める人材）がある。社員にも同じように③今の状況（今の自分）と④なりたい姿（なりたい自分）がある。この4つをもとに分析が可能である。

①今の人材‥‥自己の専門分野のみで活躍する社員，積極的に他の領域
　へも関わらない社員，キャリアアップの機会を活用できてない社員，
②求める人材‥‥経験年数に応じて用意されているキャリアアップの仕
　組みを積極的に利用してキャリア形成していける人材，経験のない仕
　事でも好奇心旺盛にチャレンジして仕事の領域を広げられる人材，仕
　事を通じて社会貢献出来る人，経営理念に共感し行動できる人。
③今の自分‥‥不規則な勤務時間も解消されないので仕事への意欲が低
　下，何のために仕事をしているのかわからなくなる，他の人にも手
　伝ってほしい，評価してほしい，自分の専門の仕事だけをしていた
　い。
④なりたい自分‥‥仕事と家庭のバランスのとれた生活，結婚できる環
　境，楽しく仕事がしたい，仕事をもっと深めたい。

　企業の＜今の人材＞と＜求める人材＞の間にはGAPがあり，これを近
づけるにはGAPの調整が必要となる。そのための取り組みとしては，
制度の改革などが考えられる。社員の＜今の自分＞と＜なりたい自分＞
の間にもGAPがある。このGAPを調整するためには，環境を変えるこ
とや自己啓発が必要となる。

①GAP1‥‥＜企業の現状＞と社員の＜自分の現状＞の間でGAPを調整
　しようとするなら，企業側はESを高めなければならないし，社員は
　感じたミスマッチにどう調和していくかがポイントとなる。
②GAP2‥‥＜企業の求める人材＞と＜なりたい自分＞の間でGAPを調
　整しようとするなら，企業側はESを高めることとそれに伴う社内制
　度の充実が考えられる。今の社員に伝えるには教育研修が必要であ
　り，企業の求める人材となりたい自分の間では，社内制度の改革
　（ES）がなければ，ミスマッチを感じてしまうことになる。ここでも

お互いがどう調和していくかがカギとなる。

③GAP3····＜企業の現状＞と＜なりたい自分＞の間には，社員にはこのままこの会社にいて自分の欲求を満たせるのだろうかという不安が出てくる。ここでGAP調整しようとするなら企業側は不安を解消できるような仕組みの提示をしなければならない。また，社員はどのあたりで自分の欲求を調整できるかがGAP調整のポイントとなる。

④GAP4····＜企業の求める人材＞と＜今の自分＞の間では，企業側に，求人を出せばこの社員の代わりの人間はいくらでもいるという考え方を持つ企業もいる。社員は，期待には応えられないと感じるととりあえず「安定して働きたい」と望むのか「食べるために働く」ことになる。

これらのGAPの調整には，＜対話と場所＞が必要だと考えられる。今回この＜対話と場所＞の役割を担うのが，今回のようにキャリア・コンサルタントの役目でもあった。企業と社員の思いをお互いどう調和していくかという点でこの＜場所＞は非常に重要な役割を果たしたと言えよう。伊丹（2000）によれば，「場は企業組織の中の関係の場として，企業のマネジメントや知識創造にも深いかかわりを持っている。人々は関係の中で生きている。その関係の中でさまざまなメッセージの意味を解釈し，刺激を受け，知識が想像されていく。」とし，「場」の重要性を言っている。また，「場」の定義について伊丹は，「場とは人々が参加し，意識・無意識のうちに相互を観察し，コミュニケーションを行い，相互に理解をし，相互に働きかけ合い共通の体験をする。その状況の枠組みのことである。」としている。また，野中（2000）は，「場とは，物理的空間（オフィス，分散した業務空間），仮想空間，特定の目的を共有している人間関係，あるいはこのような人間同士の共有しているメンタルスペース（共通経験，思い，理想）のいずれでもありうる，場所的プラットフォームである。それは関係の空間であり，そして空間と時

【図5-3】GAP分析

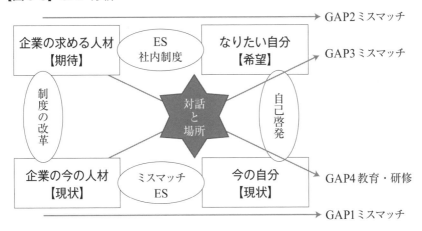

（出典）筆者作成

間を同時に含む場所性の概念である。」と定義している。

5-2. コンテンツ産業における人材育成

　2005年3月に国土交通省，経済産業省，文化庁のコンテンツ関連部署連名で出された「映像等コンテンツの制作・活用による地域振興のあり方に関する調査」の報告書において初めて「コンテンツツーリズム」という言葉が用いられた。この報告書の中では，〔地域に関わるコンテンツ（映画，テレビドラマ，小説，まんが，ゲームなど）を活用して，観光と関連産業の振興を図ることを意図したツーリズムを「コンテンツツーリズム」と呼ぶことにしたい。〕と定義している。

1. コンテンツツーリズムを取り巻く環境

　2007年7月，月刊雑誌に実在する神社をアニメーション（以下アニ

メと記す）の舞台として紹介する「しおり」が付録に採用された。それを発端にしてその神社を聖地と崇めるアニメファンの観光客が数十万人単位で増加した。最終的な経済効果は20億円を超えると言われた聖地巡礼である。このことが全国自治体の目に留まり，アニメツーリズムが地域振興として広がるきっかけになる。2009年6月には，埼玉県産業労働部観光課地域資源・フィルムコミッション担当が事務局になった「埼玉県アニメツーリズム検討委員会」において初めてアニメツーリズムという言葉が使われた。2016年9月には「アニメツーリズム協会」が航空会社や旅行会社等などのメンバー構成で設立された。「アニメ聖地」を繋ぐ広域周遊観光ルートを設定し，観光地を88ヶ所に選定することでオフィシャル化し，地域と企業，コンテンツホルダーをつなぐことで，地域の受け入れ環境の整備から地域の観光人材の育成へと繋げ，コンテンツを活用したサービスや商品の提供を促進し，新たな経済効果を創出することが狙いである。その効果により，国内外広く観光客も増加している。

2.聖地巡礼における地域人材の育成

　さびれた温泉街を舞台とした作品や東日本の震災後の復興に腐心していた町などを舞台とした作品が生まれ，それらの舞台が「聖地」となり，アニメファンが訪れ多額の経済効果を生んだ。アニメファンにとっては特別な場所という意味合いも強く，「聖地巡礼」と称されている。これらの背景には，情報通信技術の発展とともに，多種多様なコンテンツツーリズムの中でもアニメツーリズムが地域振興として注目されるようになってきていることもある。近年では，アニメツーリズムが地域振興として広まる中で，若者を中心とした「聖地巡礼」の観光客の増員に関してアニメの貢献は大きいと言えよう。

　アニメファンの中には，聖地巡礼後，その地域に就職する若者もい

る。彼らは，やがてその地の中心メンバーとなって地域振興・観光振興へと聖地の活性化を担っていく存在になっている。そのため，観光協会などとともに次につながる人材の育成も始まっている。若者を巻き込むことで，観光資源のさらなる発掘とサステナブルな地域活性を目指している。

　全国の事例を研究し，タイプ別に分けて，アニメツーリズムにおける地域の継続的な人材育成の成功事例もある。

　アニメがヒットしたことで観光客が増加する事例では，地元の人はそのアニメを知らなかったというケースもある。地元で放映されていないというケースでは，アニメの主人公等の衣装に身を包んだ若者達が，アニメの舞台とされた場所を「聖地巡礼」として訪れたことで，村民からの問い合わせが多くあり，役場が対応に追われたケースもあった。これは，アニメの中の「聖地」が本来の有名な観光スポットとは違い，日常に埋没している「水路」であったり「橋」であったりと身近な場所が多いことから，作品を知らない地元の人たちが，観光地とは異なる場所を観光する観光客の受け入れに戸惑ったためである。

　また，「聖地巡礼」の観光客が増えるに従い，商工会議所や観光協会と協力し，町興しとしてグッズやイベントを展開して成功を収めている例もある。埼玉県久喜市の鷲宮神社の初詣の事例は，初詣客13万人（2007年）からアニメ放映後には，47万人（2011年）まで増加したといわれている。

　地域の人たちだけでなく，アニメファンも積極的に地域活性の役割を担い活躍している事例もある。地元地上波テレビ局では放映されないという形で開始されたアニメだが，放送直後から少しずつ観光客が増加，訪れたファンは，自主的に街をきれいに掃除し，自分たちで自費出版の観光マップ「聖地巡礼ノート」を作成し観光客に配布する。その動きを受けて商工会議所も企画を展開していくという広がりを見せている。

地元企業の協力により制作されたアニメでは，最初から町興しが目標達成になっている。そのため，アニメ放映前からイベントやグッズの企画をし，町興しを盛り上げている。アニメに後押しされる形で地域の人々が自然に観光産業を担う人材へと育成されているのである。2010年以降は，地方ではこの手法が増加傾向にある。最も大きな成功事例は，東北地方太平洋沖地震の影響で震災前の賑わいを取り戻すことが困難であった茨城県大洗町の仕掛けである。2013年の1年間の観光客数は人口1万8千人の大洗町に約16万人，経済効果は7億（7億2,100万円）と言われている。

　すでに知名度の高いアニメを町興しに利用する事例もあった。徳島県のアニメ制作会社と徳島市観光協会が仕掛けたものだ。「阿波踊り」の宣伝に制作されたポスターも街頭から無くなるということがあった。このアニメ制作会社では，その後も地域ぐるみのアニメイベントを開催し，地域活性と観光に貢献している。また，アニメツーリズムを地元の学生と共に継続的に発展もさせている。最近では，地域活性に繋がるビジネスコンテストへ応募して受賞することで制作されたアニメが地域の活性化や産業・観光振興を担っていく例もある。このように，コンテンツツーリズムを担う人材の発掘・育成方法は，さまざまな形で行われている。

　また，海外では，一昨年タイ・バンコクに日本のアニメグッズ専門店が進出した。バンコクのある大学の構内を日本のアニメのキャラクターに扮した学生が歩いている姿も見受けられた。日本のアニメを見て日本語を覚えるという海外の若者も少なくない。

　アニメ制作側は，作品に合った風景を探しアニメに描いていくが，アニメファンは，自ら作品中の風景を探し当て聖地巡礼をする。アニメが地元で放映されている場合は，地元の準備，受け入れ態勢や協力姿勢もあり，順調に地域活性へと繋がり成功するケースもあった。しかし，地

元では放映されておらず，また視聴している人の割合が少ない場合は，地域活性までに時間がかかり，地元の理解が得られないまま終わったケースもある。

「町興し」を目的として制作されたアニメで成功を収めた例では，地元企業の協力なども得られ，アニメ放送の前から戦略的に町興しに取り組むため，放映前からイベントやグッズが展開される。すでに知名度のあるアニメを町興しに使用し成功を収めたものでは，継続的な活性化を狙った地域ぐるみのアニメイベントの開催で，地域活性と観光に貢献している。

これらの継続的な成功事例の裏には，アニメ制作会社の地域活性への貢献と彼らの人材育成への取り組みが大きい。アニメ制作会社によれば，地域には魅力的な資源も人材もあるのだが，気が付いていない部分が多いという。資源がない，人材もいないと感じている地方は多い。しかし，地域活性に取り組むアニメ制作会社では，そのような地域に深く入り込み，資源にメッセージを持たせてアニメとして発信する。そして，「聖地巡礼」を中心とした観光を一時的なもので終わらせないための仕掛けを作り続ける。その中でも重要なのは地域の人材の育成である。アニメが修了した後も，その地域の盛り上がりのために，毎年の継続的な新規コンテンツの導入だけでなく，地元の人たちを巻き込んだ人材の育成に取り組み続ける。どれだけ周辺の地域と人を巻き込めるかが，継続の鍵となっている。

また，アニメのストーリーも最近では限界集落の問題やシャッター通りの問題を扱うものもある。地域活性そのものをアニメのストーリーの中に入れている作品も見受けられる。

アニメのスタートから7年目を迎える「聖地巡礼」の仕掛けでは，少しずつアニメ制作会社の手を離れ，地元の人たちの運営のもとアニメにまつわるさまざまな行事が開催されている。アニメから生まれた地域の

行事は，地域での活動が盛んになるにつれ，アニメとは関係性の薄いものも増えてくる。しかし，「オタク」と言われるアニメファンは，地元への「聖地巡礼」に感謝をし，関連性が薄くなろうともさまざまな形で地域活性に関わっている。このような地元主体で地域活性を担う取り組みとして，最近ではアニメに関連する「実行委員会」を立ち上げる形をとり，行政や地元の人たちを巻き込みながら地域人材を育成する手法で，積極的な地域活性の展開が見られるようになってきた。

3. コンテンツ産業における人材育成の展望

　経済効果だけではなく，心理的に若者や地域の人々への影響は大きいところがある。作品がきっかけでその地に移住してきたという若者や作品の聖地である地元に戻ったという若者もいる。そして，聖地巡礼ツアーを商品化した旅行代理店では，近年，日本国内の参加者だけでなく海外からの参加者も増えてきているという。

　地域が人材育成を軸に戦略的に取り組むことで，人を惹きつける地域資源は大いに活かされる。そして，アニメによる地域活性の成功のためには，一つは，アニメにより既存の価値観を変化させる影響力，そして多様な継続的アプローチと地域の人材育成が必要である。そのような中，地域の文化の継承や人材育成をアニメ制作会社が仕掛け，地域に貢献する動きもある。聖地に行かなければわからない仕掛けもアニメの中に盛り込んでいる。地元に根付くアニメ制作会社では，地域活性へのこだわりは強く，アニメの作品の中に出てくるアイテム「木彫りの靴」を実在する地域の伝統工芸「間野山彫刻」で登場させる。また，高岡市（富山県）の伝統工芸「高岡銅器」では，若手職人による「高オタクラフト実行委員会」制作チームが結成されている。彼らは，アニメ，漫画，ゲームなどの文化を愛する若き伝統工芸後継者たちである。2013年より活動を開始し，伝統工芸とオタク文化を融合したアイテムを次々

と発表している。アニメの作品の中だけでなくこれらのアイテムの実物に会えることも聖地巡礼の醍醐味だろう。アニメ制作会社の人たちは，地域に入り地域の「弱み」も「強み」理解し，地域の「痛み」も感じで初めて地域活性は成功するという。

　そして，今後の課題は，イラストレーター不足解消である。アニメを地域活性，観光の資源とし国内外に継続的・精力的に発信するには，イラストレーターが足りていない。急激なアニメ文化の開花を背景に，制作会社の「人」が追い付いていない現状もある。

　本来のコンテンツツーリズムは，「聖地巡礼」による観光客の増加が地域活性に貢献してきた。映画や音楽などのヒットによる偶然性のもので，映画の風景や歌の歌詞に出てくる場所が自然に年齢を問わない「聖地巡礼」になっていた。しかし，アニメによる「聖地巡礼」で爆発的な地域活性につながった事例をきっかけに，その後は「偶然」ではなく「仕掛ける」というアプローチが増えてきた。

　これらアニメツーリズムによる地域の観光振興を地域の活性化につなげようとする全国的な動きについて，今後も継続的な検証は必要である。また，クロアチアやギリシャ，オーストラリアなど，日本のアニメの作中に海外の風景や建物が使用されたことによる観光客増加の事例や，海外の似たような建造物がSNSにより拡散され，アジアからの観光客が増えた事例もあることから，海外へのコンテンツツーリズムにおける人材の育成も今後注目せねばならない。

5-3.ペット産業におけるサービスと人材育成

　ペット飼育の高齢者医療の抑制の効果に関する研究では，日頃「ストレスを感じている人」の通院回数が，犬を飼っていない人は年10.37回に対して，飼っている人は年8.62回にとどまっていると発表された。

このことは，ペットは飼い主だけでなく，社会全体にも効果をもたらしているといえよう。

　近年のペットの飼育傾向については，一般社団法人ペットフード協会の全国犬猫飼育実態調査（調査対象者は20歳〜79歳まで）によると，平成30年度の全国犬猫推計飼育頭数が，犬が890万3千頭，猫が964万9千頭となっている。犬の飼育頭数は減少傾向であり，昨年に引き続き猫の飼育頭数が犬の飼育頭数を上回った。また，飼育率も世帯数の増加傾向が続く中で，猫は9％後半を維持し，犬は減少傾向にある。

【表5-1】平成30（2018）年度　全国犬・猫　推計飼育頭数

	世帯数 （単位：千）	飼育世帯率	飼育世帯数 （単位：千）	平均飼育頭数	飼育頭数 （単位：千）
〈犬〉	56,614.0	12.64％	7,154	1.24	8,903
〈猫〉	56,614.0	9.78％	5,539	1.74	9,649

（出典）ペットフード協会全国犬猫飼育実態調査

　加齢に伴う体力や記憶力の低下，健康面など生活上で抱える不安が増えていく中で，ペットは今や高齢者の心の安定を図る重要な存在となっている。また，犬は猫よりも日常的な散歩を必要とするため，高齢化による社会の現状を鑑みると，今後はさらに犬よりも飼育の負担が少ない猫の飼育頭数が増えていくと考えられる。

　高齢者が施設を利用するようになると，さまざまな個人の事情から，食事制限や行動制限など，日常生活に制限が生まれることがある。ペットと一緒に暮らすということも制限の中に入る施設もあり，施設への入居とともにペットと離別しなければならない状況も生まれた。

　しかし，2012年に開設された特別養護老人ホーム「さくらの里山科」（神奈川県）では，入居者がペットと暮らせる「伴侶動物福祉」が導入された。現在ではこのような施設は増えはじめ，有料老人ホームやサービス付き高齢者向け住宅等でもペットと入居可能な施設が増えた。高齢

になると，自宅でペットと過ごしてきた時間も長くなる。そのため，ペットと離れて暮らすことがストレスを生み，体調に異変をきたしたりすることにも繋がる。その中で，同じ時間を生きてきたペットと共に暮らせる場所があることは心の支えにもなるだろう。

　一方で，施設で動物と暮らすことは，エサの問題や，散歩，また飼い主に先立たれた場合のペットのその後について等，さまざまな問題が考えられる。すべてを施設や施設の職員が担うとなるとかなりの負担になる。そのためにも，施設，入居者，ペットにとっての環境づくりが必要である。

　医療・福祉の分野では，ペットは，障害を持つ人の自助具として補助犬（盲導犬，介助犬，聴導犬）がQOLの向上や自立支援に貢献している。介助犬の認知も広まり，介助犬との同伴が可能な施設や交通機関，飲食店なども近年増えてきた。また，動物介在活動，動物介在療法，動物介在教育などのアニマル・セラピーも行われ，医療・福祉の分野において，動物を扱う職業も増え，そのための人材も必要となり，それらの教育・訓練も多様化してきている。

　高齢者施設で実施されるアニマル・セラピーでは，高齢者の身体機能の向上も期待でき，また，施設生活が長い高齢者にとっては，動物と触れ合うことで気持ちや行動にも変化が現れるなどの効果も期待できる。そのため，近年導入するところもあり，施設サービスの向上にも繋がっている。しかし，同居しているペットの死は高齢者にとって過酷な試練となる。長年連れ添った同居者の死は受け入れがたい。これは，高齢者だけの問題ではなく，動物と一緒に暮らしているものにとっては，避けて通れない家族との辛い別れである。そのためには，ペットが死を迎える前に「ペットロス・サポート」を行うことが必要である。そのため，最近では，ペットを飼い始める機会に「ペットロス」に関するパンフレット等を配布し，「死」について考える機会を提供するなどの対策も

【図5-4】サポート・サイクル

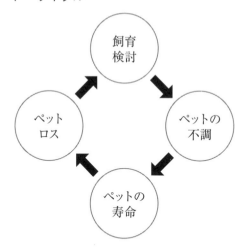

（出典）筆者作成

講じている。ペットロスを経験した人たちが先頭に立ち，心のケアをするという仕組みを生み出し支援している。ペットの死から動けなくなった人のために，経験者たちによるセルフケアも行われている。カウンセラーによる支援もあり，心のケアの選択肢も増えてきている。日本ペットロス協会では，ペットロス・カウンセラーの養成講座やペットロス検定など，さまざまなセミナー等を開催している。ペットロスのサポートを行うための人材育成も行っている。また，PLM（Pet Lovers Meeting）は，コンパニオン・アニマル（伴侶動物）を亡くした家族のためのセルフヘルプ・グループとして，3か月に1度ミーティングを開催している。これは，ペットロスを経験した人々がお互いに支えあう場として開催されている。また，ペットロスホットライン等の電話対応もあり，さまざまな取り組みが行われている。

　現在行われているサービスだけでなく，今後の取り組みとしては，以下の図で巡回するような，「飼育検討者」への支援，ペットが体調不良

や病気になった時の不安へのサポート，ペットロスを経験したことがないペット飼育者への支援，これからペットに起こるであろう寿命を迎える看取りへの理解，「ペットロス」の人等へのケアも含めて，セルフケアを行う機会の提供とともに，サポートできる人材の育成もさらに重要となってくる。

　マスコミでも取り上げられ最近話題となっている「ペットロスカフェ」も徐々に増えつつある。ペットロス経験者による「ペットロスカフェ」は，「ペットロス」だけでなく，前記のようなフルサポートも有効であると考える。高齢者に有効なペット事業をサポートできる人材の育成とともに，ペットと共に生きる我々にとってもこの「サポート・サイクル」とそのための人材育成は今後の検討課題でもある。

5-4.福祉サービスにおける人材育成

1.高齢者を取り巻く環境

　日本国内で高齢者に対する虐待が深刻化している状況を受け，平成17年11月1日に高齢者虐待防止法が成立，平成18年4月1日より施行となった。この法律では，高齢者虐待について，1.養護者による高齢者虐待，2.養介護施設従事者等による高齢者虐待と定義をしている。虐待行為の種類としては「身体的虐待」「心理的虐待」「性的虐待」「経済的虐待」「ネグレクト」の5つである。厚生労働省による，『「高齢者虐待の防止，高齢者の養護者に対する支援等に関する法律」に基づく対応状況等に関する調査』の過去三年間の推移を見てみる。

【表5-2】「高齢者虐待の防止，高齢者の養護者に対する支援等に関する法律」に基づく対応状況等に関する調査

	養介護施設従事者等によるもの		養護者によるもの	
	相談・通報件数	虐待判断件数	相談・通報件数	虐待判断件数
29年度	510件	1,898件	17,078件	30,040件
28年度	452件	1,723件	16,384件	27,940件
27年度	408件	1,640件	15,976件	26,688件

【表5-3】 虐待の発生要因（複数回答）

内容	件数	割合（%）
教育・知識・介護技術等に関する問題	303	60.1
職員のストレスや感情コントロールの問題	133	26.4
倫理観や理念の欠如	58	11.5
人員不足や人員配置の問題及び関連する多忙さ	38	7.5
虐待を助長する組織風土や職員間の関係の悪さ	37	7.3
虐待を行った職員の性格や資質の問題	28	5.6
その他	21	4.2

（出典）厚生労働省「平成29（2017）年度「高齢者虐待の防止，高齢者の養護者に対する支援等に関する法律」に基づく対応状況等に関する調査」

　また，虐待の発生要因として，表5-3から読み取れるように「教育・知識・介護技術等に関する問題」が一番多い。次いで「職員のストレスや感情コントロールの問題」，「倫理観や理念の欠如」である。表の結果より「教育・知識・介護技術等に関する問題」，「倫理観や理念の欠如」から虐待が起こっていることから，この問題を解決する一つの方法としては，福祉の現場を担う職員への人材育成の在り方も重要であると考えられる。また，日ごろから一人のスタッフが担う仕事の量や内容についても，その原因の一つでもある人員不足からくる発生要因も考えられる。心身ともに余裕のない現場での発生がうかがえる。

【表5-4】虐待の種別（複数回答）

	身体的虐待	介護等放棄	心理的虐待	性的虐待	経済的虐待
人数	511	144	261	28	68
割合（%）	59.8	16.9	30.6	3.3	8.0

（出典）厚生労働省「平成29（2017）年度「高齢者虐待の防止，高齢者の養護者に対する支援等に関する法律」に基づく対応状況等に関する調査」

　虐待の種別では，「身体的虐待」が511人で最も多く，次いで「心理的虐待」261人，「ネグレクト」144人だった。

2. 人材育成の取り組み事例

　利用者が求めている福祉ニーズに十分には応えられない物理的な問題や技術的な問題も含め，より良い福祉ニーズの提供のためにはどのような人材の育成，およびプログラムが福祉現場では必要なのか，また採用や離職に関しても厳しい現実があることから，福祉現場でどういった採用アプローチをすれば人材確保から人材育成に結び付けていけるのかを検討していく必要がある。

　そのような中，市町村ではさまざまな取り組みもなされている。一例として姫路市での取り組み事例を紹介する。

姫路市

○介護職員交流促進等事業
介護職員や管理者をはじめ，介護に興味のある人を対象に，研修を開催している。また，介護に関する相談会や意見交換会を実施している。

○介護職員初任者研修受講費用助成事業
介護職を目指す人の就労支援を図るための事業として，介護職員初任者研修を修了し，一定期間以上介護保険事業所等に就労した人に対し，研修受講費用の一部を補助している。

○サービスの担い手養成研修

研修（約12時間のカリキュラム）の修了者は，従来の訪問介護員（ヘルパー）でなくても総合事業生活援助のサービス提供が行える仕組みになっている。研修終了後は兵庫県の指定研修終了者と同じ「兵庫県介護予防・生活支援員」とみなされ活動できる。

○認知症地域見守り訪問員派遣

認知症の人の自宅を訪問し，話し相手や見守り支援を行う。見守り訪問員は「認知症サポーター」および「あんしんサポーター」で認知症の人への接し方等について追加研修（講義・実習）を受講した人となっている。

○姫路市介護支援ボランティア（あんしんサポーター）養成研修

高齢者が住み慣れた地域で安心した生活を送るために支援する「あんしんサポーター」の養成研修を行っている。

○認知症サポーター，キャラバン・メイト養成研修

認知症について正しく理解し，偏見を持たず，認知症の人や家族を暖かく見守る応援者として活動できるよう養成研修を行っている。

　その他，姫路市では，さまざまな講座や講習会を開催し，市民が積極的に関われるような仕組みが作られている。

3. 今後に向けて

　利用者の自己決定の尊重をしながら，リスペクトしていくことが求められる福祉現場では，さまざまなテクニカルスキルやマネジメントスキルが求められる。利用者の個人情報を扱うことが多く，危機管理能力の高さも求められる。実際現場で起きた事例としては，認知症に関する行動において，本人の目に触れてはいけない内部資料としての共有事項を誤って本人に渡してしまったために尊厳を傷つけてしまい，その後のコミュニケーションが難しくなったことなども挙げられる。利用者とより

【図5-5】施設の採用手順の工夫一例

施設訪問	・学生は希望の施設へ訪問日のアポイントメントを行う ・施設は，デイに使用する車の空き時間で訪問日を調整し，大学までの送迎をする
インターンシップ	・学生は「one dayインターン」など希望に応じて日数を設定し受け入れを調整する ・施設は，状況に応じて1日〜数日のインターンシップを受け入れる
採用試験	・学生は授業の都合等を考慮し，可能な日時を施設と打ち合わせる ・施設は，学生の移動の負担を考慮し，大学にて採用試験・面接を実施する。実施に当たっては，大学のキャリアサポートセンター等が支援する
内定	・後日，施設から学生へ結果が通知される

（出典）筆者作成

　良い人間関係を保つためにも，双方向のコミュニケーション能力が必要である福祉の現場では，ヒューマンスキルも必要になってくる。このヒューマンスキルは，ホスピタリティとも関係することから，毎日の小さな関りの積み重ねが重要となる。施設職員の個人のタレントだけではなく，交替時のホウレンソウ（報告・連絡・相談）など技術的なものがあってこそ，ホスピタリティは支えられるものである。利用者理解を深めラポールの形成を築き上げるには，小さな技術の積み重ねである。福祉の人材育成には，タレントだけでなく，そのようなテクニカルな研修とシステム，そして職員同士のブラザー・シスター制度のようなサポートも必要である。

　近年，採用にも変化が出てきている。人材確保に悩む施設は，学生の事情に寄り添った独自の採用方法をとる工夫もなされている。

　このように，福祉の現場では，研修スタイルも多様化し，人材育成を

129

はじめ，採用の方法も年々工夫が凝らされ，人員の確保および離職率の低下を目指している。

5-5.海外の企業における人材確保と人材育成

1.タイの事例

　タイの労働政策としては，労働者への再就職支援のための施設「ジョブセンター」を全国86か所に設け，職業紹介や職業相談をしている。また，若年者が学生のうちからパートタイムの仕事に参加することを推奨し，労働市場に参加する前の能力形成を推進している。しかし，低学歴の労働者は小学校中退者や無就学が労働者全体の30％を占め，労働力の質が問題となっている。これに対処するために，「休暇労働プログラム」や「職業訓練プログラム」が導入されている。

　タイに進出している日系企業の現状や課題としては，日本企業の進出も著しく，さまざまな雇用課題を生み出している。日本との経済的なつながりは，年々強くなり，日系企業も日本人の就労者も増えている。進出に関連した問題点としては，従業員の賃金の上昇や，コスト面での競争相手の増加，現地人材の能力・意識幹部候補人材の採用難などが挙げられている。

　具体的には，下記のような問題が挙げられた。

①現地の就業者は，企業にこだわりはなく数バーツ単位の賃金の差でも転職をする

　労働者の確保が難しい中，わずかな賃金でも労働者が他企業へ転職をするという企業の悩みもある。このような中，2012年にはタイの最低賃金が全国一律で40％引き上げられ，1日300バーツとなった。法定最低賃金の引き上げで，企業のコストは上昇し，また，この賃金

の上昇はアジアの他国への影響も出てくることを企業は懸念している。

②**急激な日系企業の進出で日本人スタッフが足りていない**

この問題に関しては，大手企業や中堅の中小企業の進出はほぼ終わり，それらを追いかけるように日本国内の零細の中小企業が進出をしていることもあり，零細の中小企業は特に「人・もの・金」の調達に苦労をしながら現地進出を何とか成功させたいという思いが強いこともあり，現地での日本人スタッフの不足に悩んでいる。労働需要のミスマッチは，失業率の悪化を招く恐れもあり，今後の動向が注目される。

これまで，一次産業従事者が40％を超えるタイでは，リーマンショック期間に田舎に帰った労働者が景気回復後なかなか製造現場に戻ってこず，日系企業は労働者確保に苦労をした。また，20011年の洪水から逃れたタイ東部では企業の進出が集中したため，企業は労働者確保に苦労した。バンコク日本人商工会議所が2012年に実施した「必要とする人材」では，製造業で最も多かった回答が「エンジニア」（63％），次いで「マネージャー」（57％），「ワーカー」40％であった。

こうした中，定期的に人材情報誌を日系企業各社に配布をしている人材紹介企業もある。これは，人材の紹介だけでなく，現地日本人スタッフの生活を応援する内容のものも含まれており，家族の支援や子育て中の日本人の支援の情報などさまざまなサポートを試みている。

人材の紹介については，日本からのエントリーを受けて希望者のエントリーシートを企業に配布してマッチングを図っている。希望者の年齢層は20代～50代であり，実際にタイや他国で働いていた若手管理職等が日本へ帰国してから転職するケースもある。また，最近の傾向としては，新卒者が国内での就活を選択せずに海外へエントリーするケースも

増えているという。それでも日本人スタッフの数が足りていない状況である。

　また，タイ国内の大学と日系企業のマッチングも行われており，各大学からどのような人材が巣立つのか文系・理系の人材の情報を詳細に記述し，冊子にして各社に情報を提供している。日系企業と現地労働者のマッチングに際しては，転職・離職理由が「やりがい」や「人間関係」ではなく，「給与」重視という傾向が強いということも特徴的なことであった。

2. シンガポールの事例

　2012年5月にシンガポール政労使の代表で組織する全国賃金評議会（NWC）が賃金のガイドラインを発表し，企業に対して前年に引き続き賃上げを勧告した。特に低所得者層（基本月給1,000シンガポール・ドル以下SD）へは，少なくとも50SDの賃上げを勧告するなどの具体的な数値目標を示し，低所得者層への支援を強く打ち出している。また，労働者の確保難と賃金高騰はシンガポールでもあり，進出している日系企業にも影響を与えている。

　シンガポールでは，ここ数年日系企業の製造拠点ではなく営業拠点としての進出および組織の転換が著しい。これには，シンガポール政府独自の企業へのさまざまなインセンティブが設けられているためである。

　シンガポール国内の人材の確保については，民間住宅建設や，2030年に向けての大量高速鉄道（MRT）網の拡張計画などがあるため，公共工事なども建設受注を牽引している。シンガポール国内の雇用については，先進国を中心とした世界の経済失速に伴い，外部需要が影響する製造業の低迷は続いているが，外国人の雇用抑制策をとっていることから，雇用市場が悪化する状況はなさそうである。また，産業の高度化，知識集約型経済への移行を至上命題として外国資本を積極的に誘致して

いる。また，高度な専門知識を有する人材の不足に対応するために，外国人の活用も国家政策としている。

　シンガポールを訪問して取材したA社では，製造業で進出してきたがシンガポールでのメリットを活かすためにシンガポールをハブ化して営業拠点へと転換をしてきている。近隣で製造を行い，シンガポールは地域統括の拠点として機能させるようにしている。また，シンガポールに製造業として進出してきた理由には，インフラの整備が十分であることもあり，今後，近隣東アジア諸国のインフラ整備も見極めて進出していきたいとのことだった。シンガポールでは，女性の労働環境が比較的整っていることもあり，企業によっては，メディカル休暇，マタニティ休暇（3か月）などもある。キャリア・ストップしても専門家として仕事を構築してきた女性も多く復職しやすい環境にある。

　また，B社でもシンガポールのパイオニア・インセンティブ（5年間免税）を活かしシンガポールを営業拠点とした地域統括型の組織を目指している。東アジアのハブを目指し，管理統括部門をシンガポールに置くことになるので，システムエンジニア等のスタッフがほとんどとなる。10名のスタッフのうち，5名は日本人で5名はローカル採用である。採用には，外国人採用に規制がかかっているため，ローカルを雇うことが多い。地元大学の学生は優秀で即戦力となるため，新卒採用で雇う企業は多い。ローカル採用に関しての課題は，給料と勤務場所を重視する傾向にあるため離職されないよう環境を整える必要があるということだった。ローカルの20代の若者は，日本の若者に似た特徴があり，人間関係が上手く築けない時や，自分の興味のない仕事を与えられると離職につながるケースもあるという。また，仕事に対して受動的なところもあり「指示待ち」が増えているのが最近の傾向だということだった。

3.展望

　筆者は長年にわたり，東アジアの人材確保と育成の状況について各国を調査してきたが，共通している課題が多いことに特徴がある。まず，日本人が暮らすためのインフラでは，日本人が現地で暮らすことについても，単身赴任か家族連れかで生活スタイルは大きく変わってしまう。とくに子どもが中学生になるころに日本での教育を望む親も多いため，子どもの年齢により単身赴任になる社員が多いことがわかった。また，国によっては政治や経済に不安定な状況もあり，家族があまり外出できないことにストレスを感じている社員も少なくはない。異国で社員がパフォーマンスを十分発揮できる環境を整えるためにも，家族への十分なサポートも不可欠となってくる。企業によっては，赴任前から赴任後も家族のさまざまな問題をサポートするために，生活のためのアドバイザーやコーディネーターを外部に委託している企業もある。

　また，日本国内と違い，企業内でなかなか行きわたらない5S（整理・整頓・清掃・清潔・しつけ）や「ほうれんそう」（報告・連絡・相談）については，OJTなどでの各企業の努力が見られた。異文化の中で，日本的な人材育成をどう企業文化として根付かせるか，経営品質という課題にどう取り組んでいけるか，入社前の訓練校の開校をはじめ，人材育成のプログラムも開発されている。しかし，海外に進出した中小企業では，駐在員も少ないため，人材育成までなかなか手が回らないのが現状でもある。

　一方，日本では，2016年8月に「働き方の未来2035：一人ひとりが輝くために」懇談会が出した「働き方の未来2035」報告書によれば，「2035年には，多様な人材が日本で活躍することが期待されている。教育もそのような多様な人材の多様な状況に合わせて，木目の細かいものにしていく必要がある。特に今後増えていくと予想される，外国人人材，そしてその家族等に対する教育のあり方も考えていく必要がある。」

と書かれている。すでに，国内のさまざまな分野において活躍している外国人も多い。今後は日本の医療現場でも増える可能性がある。そのため，人材育成と一言で言っても，今後はますます多様な分野に多様な人材育成が必要となるであろう。

［引用・参考文献及び参考 URL］
朝日新聞デジタルホームページ
　　　https://sippo.asahi.com
伊丹敬之（2005）『場の論理とマネジメント』東洋経済新報社
伊丹敬之・西口敏宏・野中郁次郎（2000）『場のダイナミズムと企業』
宇都宮浄人（2015）『地域再生の戦略』ちくま新書・ちくま書店
江口匡太（2010）『キャリア・リスクの経済学』生産性出版
太田光明（2007）『アニマルセラピー入門』IBS 出版
岡本健（2015）『コンテンツツーリズム研究』福村出版
岡本亮輔（2015）『聖地巡礼』中央新書，中央公論社
川添敏弘（2009）『アニマル・セラピー』駿河台出版社
木村周（2010）『キャリア・コンサルティング　理論と実際』社団法人雇用問題研究所
厚生労働省『平成 29 年度「高齢者虐待の防止，高齢者の養護者に対する支援等に関する法律」に基づく対応状況等に関する調査』
厚生労働省ホームページ
　　　http://www.mhlw.go.jp/
酒井亨（2016）『アニメが地方を救う!?』ワニブックス「PLUS」新書，㈱ピーエーワークス HP
　　　www.pa-works.jp
「産業カウンセリング研究」編集委員会（2010）『産業カウンセリング研究 Vol.12，NO.1，Mar.2010』日本産業カウンセリング学会
JILPT（2007）『若年者の離職理由と職場安定に関する調査』
JETRO 日本貿易振興機構ホームページ
　　　http://www.jetro.go.jp/world/asia/reports/07001496
E.H. シャイン著，二村敏子・三善勝代訳（1991）『キャリア・ダイナミクス』白

桃書房

E.H. シャイン著，稲葉元吉・尾川丈一訳（2002）『プロセス・コンサルテーション』白桃書房

E.H. シャイン著，尾川丈一・片山佳代子訳（2004）『企業文化　生き残りの指針』白桃書房

E.H. シャイン著，金井真弓訳（2009）『人を助けることとはどういうことか』英治出版

ジャパンペットセレモニーホームページ

https://j-pet.jp

総務省統計局ホームページ

http://www.stat.go.jp/

DIAMONDハーバード・ビジネスレビュー編集部編訳（2009）『動機づける力』ダイヤモンド社

中国新聞「『たまゆら』効果で竹原沸く」（2013年11月1日）

長寿科学振興財団ホームページ

https://www.tyojyu.or.jp

東京大学出版会・玄田有史・中村尚史（2009）『希望学2希望の再生』

日本介護福祉士会（2012）『日本介護福祉士会　倫理基準（行動規範)』

日本キャリア教育学会（2011）『キャリア教育研究　第30巻』

日本キャリアデザイン学会（2011）『キャリアデザイン研究　Vol.6』

日本銀行ホームページ

http://www.boj.or.jp/

日本経済新聞「観光客増，アニメ一役」（2011年8月10日）

日本経済新聞「滋賀県豊郷町アニメ『けいおん!』でまちおこし　旧小学校舎中心に」（2012年9月21日）

日本コミュニティ心理学会（2007）『コミュニティ心理学ハンドブック』東京大学出版会

公益財団法人日本生産性本部（2011）『2011年度新入社員秋の意識調査』

仁田道夫・久本憲夫（2008）『日本的雇用システム』ナカニシヤ出版

日本中小企業学会編（2013）『日本産業の再構築と中小企業』日本中小企業学会論32，同友館

公益社団法人日本動物病院福祉協会ホームページ

https://www.jaha.or.jp

日本ペットロス協会ホームページ
　　http://www5d.biglobe.ne.jp
一般社団法人ペットフード協会「平成30（2018）年　全国犬猫飼育実態調査結果」
一般財団ペットフード協会ホームページ
　　www.petfood.or.jp
ペットラヴァーズ・ミーティングホームページ
　　https://www.ddtune.com
松尾睦（2006）『経験からの学習』同文館出版
「みんなの介護」
　　https://www.minnanokaigo.com
森裕司・奥野卓司（2008）『ヒトと動物の関係学　第3巻　ペットと社会』岩波
　　書店
横山章光（1996）『アニマル・セラピーとは何か』日本放送出版協会
リンダ・グラットン（2012）『WORK SHIFT』プレジデント社
渡辺三枝子（2007）『キャリアの心理学』ナカニシヤ出版

第6章
マネジメントにおける病院の事例

ここでは，筆者が所属しているトヨタ記念病院の事例を交えながら病院のマネジメントを解説する。

6-1. 医療を取り巻く環境

　医療・介護保険制度改革が進み，医療の高度化，患者ニーズの多様化，少子高齢化など医療を取り巻く環境がより厳しさを増す中，これまでの遣り方を踏襲しているだけでは，病院経営は成り立たず淘汰されていく時代であり，如何に医療環境の動向を見極め，スピード感をもって柔軟に対処していくかが求められている（図6-1）。

　超高齢化社会にむけた慢性期の高齢患者に対応するため，病院や介護

【図6-1】医療を取り巻く環境変化

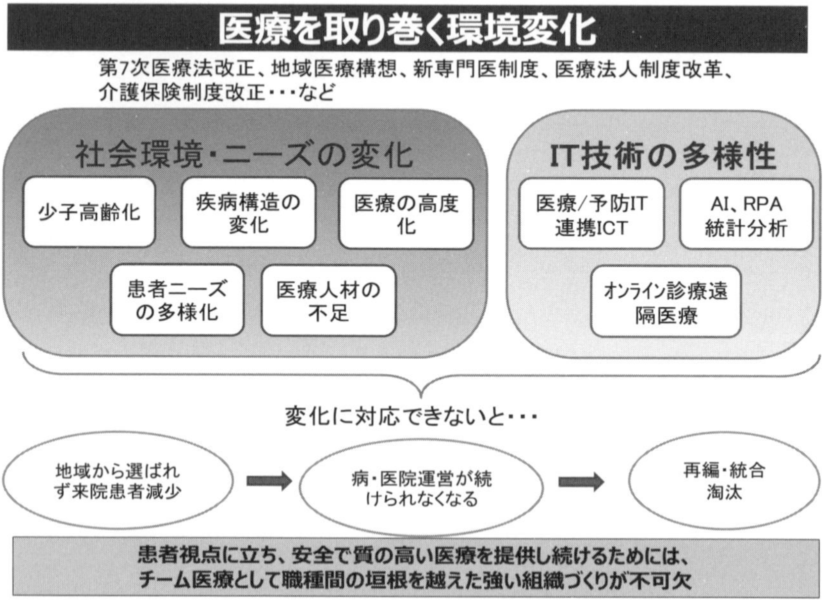

（出典）筆者作成

【図6-2】 2040年を展望した医療提供体制の改革（イメージ）

（出典）厚生労働省HP資料
https://www.mhlw.go.jp/stf/seisakunitsuite/bunya/hukushi_kaigo/kaigo_koureisha/chiiki-houkatsu/

施設の機能分化・連携強化を図り，切れ目なく地域全体で医療・介護サービスを提供する複合化が求められる。また，厚生労働省の医療政策として2025〜2040年度の節目を迎え「医療提供体制」の構想（図6-2）が打ち出されている。今後，地域医療提供体制の構築とともに，自院の目指すべき姿を明確化し，急性期・回復期・療養型・緩和ケアといったケアミックス化を見据えた病床機能の適正化や在宅医療の充実が重要となってくる。地域包括ケアシステムによって，高齢者の尊厳保持と自立生活の支援を目的とした医療・介護・予防が促進され，医療の質・サービス向上を目指して，地域における組織横断的なマネジメントがより一

層求められる。

6-2.組織マネジメントの重要性

　病院組織とは，医師，看護師，医療事務，他のメディカルスタッフなどの多職種が互いに連携・協働しながら患者中心的医療（PCMC：Patient Centered Medical Care）を実現するために，入院および外来通院の患者に対し，生活の質（QOL：Quality of Life）の維持・向上を目指している。

　そして，各職種が持つ専門スキルを最大限発揮していくためには，それぞれの役割・機能を果たすチームづくりが重要である。そのためには組織の垣根を越えて，患者中心の医療をトータルにサポートするコーディネーター役の存在が不可欠であり，その役割を医療事務が担っていく必要がある。

　医療現場の第一線である医療事務は，患者ニーズや新たな医療制度改革の動向を掌握し，医療者側へ自院の目指すべき方向性を分かり易く提示するとともに各診療科の特性や各メディカル部門の強みを引き上げ，弱みを補完していく必要がある。そして，レセプト業務や診療報酬の知識に加えて，病院経営の視点から収支および診療報酬算定要件を分析し，病院理念や基本方針に落とし込んで日々の行動変容を導き出すために医療者へ提言できるスキルが求められる。

　以上のことから，これからの医療事務は個々の能力が向上するよう計画的に人材育成していかなければならない。そのためには医療事務をマネジメントできる人材と組織風土を築いていく必要がある。

【図6-3】組織としての使命（ミッション）と目指すべき姿（ビジョン）

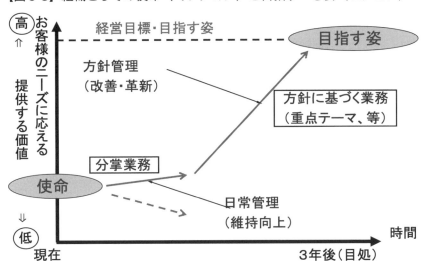

（出典）（一社）中部品質管理協会　トヨタNPOカレッジ「カイケツ」資料
https://www.toyotafound.or.jp/kaiketsu/2016/data/doc_furuya.pdf
（令和2年4月取得）

6-3.医療事務に求められる使命・役割

　医療事務はレセプトを適正かつ正確に病院報酬に繋げる重要な役割を担っている。また，2年に一度の診療報酬改定の要件をいち早くキャッチし，多角的視点から病院経営に与える影響を予測し，自院の特性に照らし合わせて病院経営の目指すべき方向性を提示することが大きな使命のひとつである。しかしながら，診療報酬改定を介して院内・外の動向や診療パフォーマンス向上へと導く重要なセクションであるにも関わらず，請求業務を熟すことが主目的になっているのが実状である。本来であれば業務遂行にむけた明確な使命（Mission）・目指すべき姿（Vision）・組織の価値観・行動指針（Values）による業務管理とそれにむけたスタッフへの教育・マネジメントが施されるべきである（図6-3）。

【図6-4】地域医療による統計分析・管理と利活用

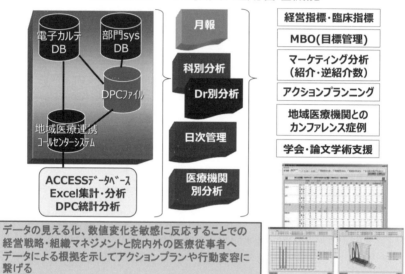

地域医療における統計分析・管理と利活用
－統計管理データの抽出、運用管理機能－

（出典）筆者作成

また，院内において，現場スタッフが一番状況を把握しているため，医療事務が経営改善にむけて診療実績データを解析し，診療科の特性にあった収支改善やKPI（病院経営指標），地域医療連携計画などにもっと踏み込んで行われるべきである。ここで一つの事例として地域医療連携室の医療事務が紹介・逆紹介の統計データを分析し，各診療科の経営戦略（マーケティング）としてアクションプランおよびマネジメント管理のアプローチを概念図として示したものである（図6-4）。本来，人は仕事の意義と目的が明確になってこそ，本来の力を発揮するものである。つまり，院内における現場スタッフの存在価値を高め，モチベーション向上を図るとともに診療部門の所属長やトップマネジメントと有

機的に繋がってこそ組織/人材の能力・特性の優位性が発揮されるのである。

6-4.マネジメントの思考法 (Do it NOW!)

　前述の通り，これからのレセプト管理がパラダイムシフトしていく中，医療事務は医療者の良きパートナーとして，対等な立場で病院経営に参画していく必要がある。そのためには，それ相応の知識/経験知，対人関係能力（コミュニケーション力），創造的思考，判断・分析・実行力，顧客視点での問題解決力といった様々なスキルと責任が求められる。つまり，ものごとを多面的に捉える，物事の本質を見極めながら，三現主義[※1]と一歩先を目指してチャレンジし続ける志と医療者側へあるべき姿を提言していくことが期待される。ここでは，病院マネジメントに必要な方法論，知識，技術を体系化し，サスティナビリティしていくための重要な取り組みの中から特に方針管理・戦略プロセス/組織マネジメント・問題解決・人材育成の5つの要点について紹介する。

（※1）"現場"，"現物"，"現実"の3つの"現"を重視し，机上ではなく，実際に認識した上で問題の解決を図らなければならないという考え方のこと。

1.方針管理（図6-5）

　方針管理とは，経営方針（目的・目標）を達成するために行う業務管理の仕組みであり，日常業務の積み重ねである。そして，方針は一度作成し終わりではなく，作成はスタートラインに着いた状態であり，作成することが目的になってはいけない。そして，最も大事なことは方針のベクトルと合致しているか定期的に進捗管理を実施し，管理のPDCAサイクルPlan（計画）-Do（実行）-Check（評価）-Action（処置）を回しながら，成果を上げ，自院の体質を強化していくことにつながる。

【図6-5】日常管理（医事向上）と方針管理（改善・革新）

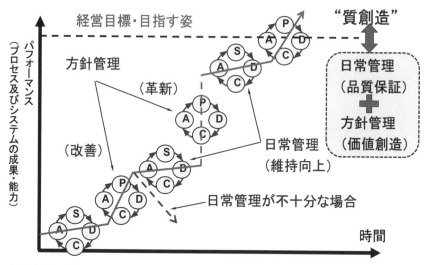

（出典）（一社）中部品質管理協会　トヨタNPOカレッジ「カイケツ」資料
https://www.toyotafound.or.jp/kaiketsu/2016/data/doc_furuya.pdf
（令和2年4月取得）

①目的：病院の方針や目標を達成するための取り組み
②実行：病院トップからの方針を，組織から個々の業務まで落とし込ん
　　　　でいき，実行・点検は"自責"で考える
③期間：中長期計画，少なくとも年度計画に基づき実施

2. 経営プロセス・組織マネジメントにおける組み立て（図6-6）

　戦略を通じて，組織と風土と密接な関わりを持ちながら，スタッフの多様性を生かした人材活用スキル，一人ひとりの能力を発揮させる経営戦略が重要となってくる。

①事実を客観的に観察
②事実に基づき論理的に分析して推論
③問題構造の分析，問題の本質に迫る

【図6-6】経営プロセスにおける戦略策定

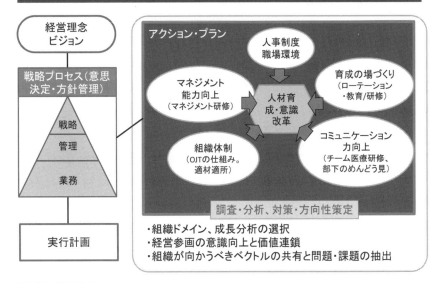

（出典）筆者作成

④戦略を実行計画に落とし込む

　また，目指すべき人材像は「専門性＋人材育成のプロ」であり，人材育成を重視した資格別能力要件やOJTなど日常業務を通じた足許固めの評価・フィードバックが必要不可欠である。

3. 問題解決（業務の品質改善）の考え方と実践ステップ（図6-7〜9）

　より良い医療を提供しようと思えば，よい医療を提供できるように設計されたシステムが必要であり，改善活動は，病院の医療の質を高め，患者サービスを向上させ得る手段の一つであると言える。また，医師，看護師，他のメディカルスタッフなどの現場スタッフが疲弊しないようムダ・ムラ・ムリを無くして，空いた時間を患者ケアやカンファレンス

【図6-7】仕事の質向上の考え方

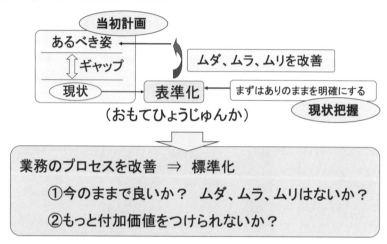

（出典）（一社）中部品質管理協会　トヨタNPOカレッジ「カイケツ」資料
https://www.toyotafound.or.jp/kaiketsu/2016/data/doc_furuya.pdf
（令和2年4月取得）

【図6-8】問題解決の8つのステップ

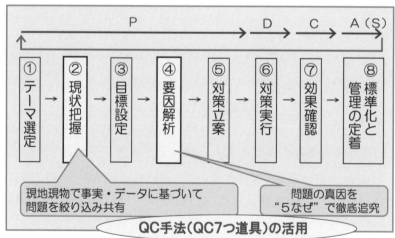

（出典）（一社）中部品質管理協会　トヨタNPOカレッジ「カイケツ」資料
https://www.toyotafound.or.jp/kaiketsu/2016/data/doc_furuya.pdf
（令和2年4月取得）

148

【図6-9】改善のひらめきポイント

ひ・ら・め・き ワンポイント(一部抜粋)

【コスト】

- □ その仕事をやめられないか
- □ 頻度を少なくできないか(毎日,週,月)
- □ 印刷部数・配布先を少なくできないか

- □ 材質を変えられないか
- □ 安価品に変更できないか
- □ 外注制作 → 社内制作にできないか

【業務の効率化】

- □ やめてしまうことはできないか
- □ もっと標準化、ルール化できないか
- □ 手書き・手入力を無くせないか(OA化できないか)
- □ ファイルを少なくできないか
- □ もっと少ない人員でできないか

- □ もっと簡単にできないか
- □ もっとまとめて処理できないか

- □ 所定時間内にできないか
- □ 会議,ミーティングを少なくできないか

(出典)筆者作成

など生産性の高い業務にシフトすることも医療者との信頼関係・チームワークづくりに大きく貢献するものである。また，当事者意識をもって自ら考え・行動することで「患者との信頼関係」を築くことに繋がる。

　ここでは，問題解決にむけた考え方やステップ，そして，知は組織の共有財産であり，「点から像」へ改善のヒントとして，発想の視点を提示する。また，環境変化に俊敏に対応して着実に課題を達成していくためには，定期的なサイクルの点検とともに，人材育成を行う仕組みとして効果的に指導することも重要な要件である。

注）改善（カイゼン，KAIZEN）とは，悪いものを改めて良くしていく改善活動の基本として，社員ひとりひとりが問題意識と当事者意識を持って主体的に行動することで経営成果に繋げること。

【図6-10】階層毎に求められるスキルと研修の構成イメージ

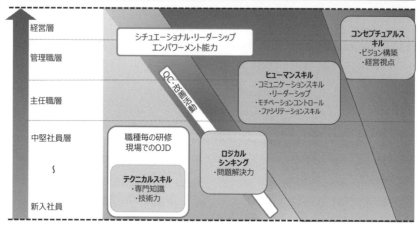

(出典) 筆者作成

4. 人材育成（ダイバーシティ・マネジメント）

　前述を実現するためにはどうしたら良いのだろうか。その一つがキャリアラダーとして階層別人材育成の教育・研修である（図6-10）。　それぞれの階層毎に必要となる要件を明確化し，資格に合ったスキルのウエイト付けを行うことによって，幅広い視点で物事の本質を見極める力や問題を数量的に可視化させ，組織の壁を越えて多職種協働で行動変容していく力が身につけていくことが重要である。

6-5. 世界視点で病院運営をリードする人材

　外国人との研修に積極的に参加することで，国際的な視点，VBHC（Value-based Health Care：価値に基づく医療），といった視座の多様性とICTなど先進的な取り組みを謙虚に学ぶ必要がある。海外では個々

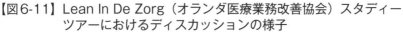

【図6-11】Lean In De Zorg（オランダ医療業務改善協会）スタディー
　　　　ツアーにおけるディスカッションの様子

のスペシャリストとして職種ごとの業務が明確に分かれており，縦割り
組織構造になっている。医師や看護師などの巻き込み方・お互いのメ
リットが教授されないと動かない。プロセスではなく，結果を求める傾
向にある。また，地道な改善改善はモチベーションが上がらない。プロ
セス指標の可視化といった課題が挙がっていた。そこで，当事者意識の
欠如，組織横断的改善活動に繋がらないなど，日本の医療現場でも共通
する課題についてディスカッションしたケースである（図6-11）。

◇オランダLean In De Zorg（オランダ医療業務改善協会）スタディー
　ツアー
　目　的：それぞれの現場で日々，業務改善活動に従事しており，本ス
　　　　　タディーツアーでは医療現場における業務改善の理解を深め
　　　　　ること

テーマ：問題解決や改善活動の導入の際，医療スタッフをどのように
　　　　上手く関わらせることが出来るか，意識の壁，情報の壁，協
　　　　力の壁，経営者，管理者，所属長の意識改革，これらをどう
　　　　乗り越えるか彼らの関心が大きい

　標準プロセス，標準化，スタンダードがなければ部署間の壁は越えら
れない。常にカイゼンのターゲットは現場が持っているため，現場の話
しを聞いてあげることが大切である。また，事務が現場に出向き，
KAIZEN活動をスタートする際，「Why」を現場に伝え，事実を見せて
納得させ，あるべき姿を思い描いてもらうことを根気強く続けていくこ
とが重要である。高い目標を達成するためには，①明確なビジョンがあ
ること，②現場に近いところでそれを伝えて実行に移すスキルを持った
人材がいることが大切である。③小改善で成功体験を積み，やり甲斐・
達成感を醸成する。

　今後も先進的医療を行っている海外にも目を向け，自らの知見を高め
るとともに，積極的に自院の外に出て各種学会や多種多様な業種の方々
との交流を通じて取り組みや経験知を学び，今後の仕事の糧・スキルを
吸収する努力をし続けて価値を創出することが事務の持続的成長に繋が
る。知識と技術を得るチャンスはますます広がっており行動しなければ
何も始まらない。重要なのは「知る」だけでなく，「まず一歩踏み出し
てやってみる」ことであり，今後もマネジメントのグローバル化・高度
化と人材の育成・活用が求められる。

6-6.総括

　疾病・負傷は時間と場所を選んでくれない。だからこそ，医療は地域
全体で繋がれた「チーム医療」がもっとも望まれる分野である。そし
て，医療がサービスであるように，その原点は患者視点にある。すなわ

ち，患者自身がどんな不安や不満を抱えているか，何に期待しているかを知ることからスタートしなければ解決策は見えてこない。それには「患者中心」という言葉の上だけでなく，医療に携わる職員一人ひとりが職種を越えて常に患者の立場になって取り組む姿であり，これこそが「患者中心の医療」に繋がるのである。

変化し続けることへのチャレンジ

　現場の声は変化が必要なことを知らせるシグナルである。他部門の職域という軋轢に挑みながら，心を通わせることで良かったと感じてもらいたい。そこから院内連携が図られ，組織力向上と相即不離の関係に繋がると思っている。これからも相補しながら連携強化へと繋げていきたい。

　今後，医療環境の変化とともに収益の健全化や業務の質的向上などの経営課題に対し，目先の変化や表面的な動きに惑わされることなく変化の本質を見極める必要がある。そして，それぞれの使命・役割に遡って考え，スピーディーに行動することが求められている。業務改善活動の最大の敵は自己満足と惰性であることを認識しなかれば変化し続けることは出来ない。もちろん，変化にはさまざまな困難や苦労が伴うが，常に患者第一の意識と経営的視点でのバランス思考大事であり，そのために＋αとして何を追究し続けるかを一人ひとりが主体的に考える必要があるのではないだろうか。

［引用・参考文献および参考URL］
厚生労働省HP資料『地域包括ケアシステムの実現にむけて』
　　https://www.mhlw.go.jp/stf/seisakunitsuite/bunya/hukushi_kaigo/kaigo_
　　koureisha/chiiki-houkatsu/（令和2年2月取得）
㈱OJTソリューションズ（2013）『トヨタの育て方』中経出版

佐々木眞一（2015）『トヨタの自工程完結』ダイヤモンド社

住谷剛博（2006）『地域医療連携支援型コールセンターシステムの開発プロセスとアプローチ』トヨタ医報，第16巻

山内茂樹（2003）『医療の品質改革』日本能率協会マネジメントセンター

医療のTQM推進協議会（2000）『病院の改善活動事例集』医療文化社

（一社）中部品質管理協会　トヨタNPOカレッジ「カイケツ」資料『トヨタの問題解決〜問題解決の実践でよりよい社会の実現を〜』
https://www.toyotafound.or.jp/kaiketsu/2016/data/doc_furuya.pdf（令和2年2月取得）

第7章
医療マーケティングと
レセプトマネジメント

7-1.レセプトマネジメント

　診療単価が低い設定の時代において，2020年から流行した新型コロナウイルス感染症等の外的要因が加わり，病院経営はさらに困難な状況となっている。医療スタッフにおいても，患者満足が求められる中，質の高い医療サービスを提供することが要請される。

　ここで，レセプトマネジメントとは，レセプトを活用したマネジメントの手法であり，医療機関に特有のレセプトに特化したマネジメントを意味する。なお，レセプトマネジメントについては，物の管理＝帳票等のデータ保管，質的管理＝レセプトの内容及びコンプライアンス，人や環境等のマネジメントに関する管理があるが，本章では，人や環境等のマネジメントに関わる部分について，医療マーケティングの知見を絡めながら考察したい。

7-2.マーケティングとは[1]

　マーケティングは，流通と販売の問題を主たる関心事とするその初期の段階から発展を遂げ，あらゆるタイプの組織を，その市場に対して動態的に関連づけるための一つの包括的な原理へ到達するに至っている（Kotler（1976），p.3）。

　マーケティングについては，多数の論者によって定義されているが，例えば，日本マーケティング協会では，マーケティングとは，企業及び他の組織がグローバルな視野に立ち，顧客との相互理解を得ながら，公正な競争を通じて行う市場創造のための総合的活動であると定義する。

　ところで，経営・マーケティングにおいて，顧客満足は重要な課題となっている。すなわち，顧客満足は，単なる企業理念や哲学だけでなく，より具体的に社会価値を反映し，競争優位を築くような戦略の問題

として位置づけられる。企業は限られた経営資源のもとで，その独自性を活かしながらメリハリのある顧客満足を追求することによって，満足度向上のための明確な戦略を採る必要が生まれるのである（嶋口（1994），p.90）。

　ここで，サービスとは，ある特定の人たちが，他の人に対して提供でき得るあらゆる活動や利益のことで，それらは本来無形のものであり，何らかの所有権をもたらすものではない。サービスにより生み出されるものは，物的製品に結びつく場合もあるし，結びつかない場合もある（Kotler（1984），p.543）。

　また，サービスには，①無形性（Intangibility）：購入前に見ること，触れること，味わうこと，聞くこと等が不可能であること，②分離不可能性（inseparability）：生産と消費が同時に行われるため，サービス提供者と需要者が不可分な関係にあること，③可変性（Variability）：提供者，提供時期・場所等によって品質が変動すること，④消滅容易性（Perishability）：サービス提供時点で消滅するため，貯蔵してつぎの時点に提供するのは不可能であること，という4つの特性がある（Kotler（1991），pp.456-459）。

　そして，サービスに関わるマーケティングを扱うのが，サービス・マーケティングである。サービス・マーケティングとは，サービス財やサービスを対象とするものであり，ホテルや機内での接客，教育サービス，医療サービス等が代表的なものとなる。

7-3.サービス・マーケティング

　サービスを経営活動の視点から取り上げた研究は，1950年代の欧米で始まった。しかし，サービス・マーケティングの研究が広く関心を集めるようになったのは，1980年代にアメリカで始まったサービス事業

を対象とする大規模な政府の規制緩和策が影響する。公共交通機関，金融，医療，電信・電話等の業種が規制緩和の対象となり，激しい企業間競争が生じたことによって，社会的要請に応えるために，サービス・マーケティングの研究が進んだのである（近藤（1999），p.20）。

　サービス・マーケティング研究では，サービスエンカウンターとは，顧客とサービス提供者が出会う場面のことであり，顧客はサービスを提供される間，サービス組織との関わり合いを持つ（山本（2007），p.135）。なお，顧客は，サービス提供側から具体的なサービスを直接受けるため，物理的なサービス環境だけでなく，サービス・スタッフとの関わりにおいても，顧客に印象深いものとすることがマーケティングでは重要となる。

　ここで，Lovelock & Lourenによれば，サービスとは「ハイ・コンタクト・サービス」「ミディアム・コンタクト・サービス」「ロー・コンタクト・サービス」の3つに分類することができる（Lovelock & Louren（1999），p.59）。

　医療機関の場合，コンタクト・レベルが高いサービスの提供に従事する医師や看護師等は，ハイ・コンタクト・サービスの提供者になる。一方，採決した血液やレントゲン写真等を運搬する係，外部委託した清掃業者や警備員等は，ロー・コンタクト・サービスの提供者に相当する。

　また，中島においては，サービス・マネジメントの視点から，患者との接触の内容と頻度のコンタクト・レベルで職務内容を分類している（中島（2007），pp.143-144）。

【図表7-1】 サービス組織との顧客コンタクトのレベル

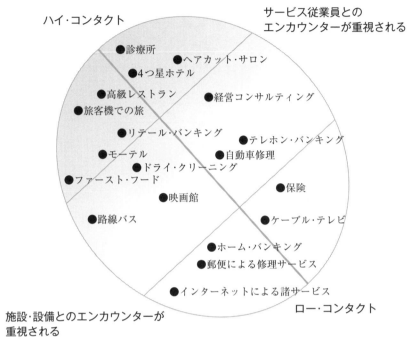

（出所）Lovelock & Louren（1999）

【図表7-2】 患者とのコンタクト・レベル（職種別）

	職種	接触の内容と頻度
A	看護師，准看護士，介護福祉士，看護助手，ヘルパー	看護，生活介助等，常時
B	医師，理学療法士，栄養士，ケースワーカー	診察・治療・相談時等
C	薬剤師，放射線技師，検査技師	投薬，検査時等
D	医事，受付	案内・会計時等

（出所）中島（2007）

　なお，E列は，一般企業にも見られる部門である。

　ところで，医療マーケティングについては，サービス・マーケティングの概念と枠組みが適用されることが多い。

【図表7-3】専門性とコンタクト・レベルによるマトリクス

		A	B	C	D	E
高	1		医師			
	2	看護師		薬剤師		
医療レベル	3		理学療法士 作業療法士 管理栄養士			
	4	准看護師 介護福祉士	MSW		医事	
	5	看護助手 ヘルパー		検査助手		施設・用度 総務
低	6				受付	人事・経理

高　　　　　　　　　　　患者との接触度　　　　　　　　　　低

（出所）中島（2007）

　わが国では，「医療サービス」という言葉が一般化し，医療機関においても，患者目線での質の高い医療サービスを提供することが求められる。そして，超高齢社会を支える仕組みの要所に位置するのが医療機関であり，そのあり方を考えることは重要な意義を持っている。

　すなわち，医療サービスについて，医療を取り巻く社会環境が変化し，また多くの医療機関が存在する中で，それぞれの医療機関がどのような医療サービスを提供すべきかを考えるための医療マーケティングという概念が重要となる（小林（2019），p.83）。

7-4. レセプトマネジメントへの期待

　田尾によれば，ヒューマン・サービスとは，人が人に対して，対人的に提供されるサービスである。具体的には，医療や保健，福祉，教育等のサービスを包括的に捉えた概念であり，このようなサービスを提供する組織が，ヒューマン・サービス組織となる（田尾（2001），p.6）。

　そして，医療サービスの特性としては，①疾病の背後にある患者個人
の状況の重要性，②サービス提供者と需要者との相互協力，③サービス
行為の継続性，④医療情報の質的・量的な格差，⑤心理面で医療サービ
ス供給者が需要者よりも優位であること，⑥生命に関わること，⑦人的
及び知識集約的であること，⑧医療需要の不確実性，⑨治療効果の不確
実性，⑩応召の義務，が挙げられる（高橋（1997），pp.67-75）。

　電子カルテの時代に入って以降，レセプトも変化し，外国人の患者に
対応するための各国の医療制度に関する国際的な知識，レセプト開示に
関連した患者説明のための説明力，レセプトデータを用いた応用科学的
研究が求められること等，より高度な知識が必要とされている。

　医療マーケティングの視点から見ると，医療機関の利益は，レセプト
のデータ，すなわち，診療単価や患者の年齢層，時間外に受診した患者
数，入院等のデータから，診療時間の最適化，患者のニーズ等を知る手
掛かりが得られる。

　一般的に，医療機関は，ヒューマン・サービス組織であるため，企業
のように合理的な経営システムを展開するための評価の指標を用いて，
その成果を具体的に明示することが難しいと考えられる。

　しかし，医療事務に携わる事務員（レセプト算定者）が，レセプト，
医療マーケティングに関するより高度な知識を獲得し，ボトムアップで
提案することで，病院長や事務管理者においても，新たな評価の指標-
レセプトを活用したマネジメント＝レセプトマネジメント-によって，
病院経営にレセプトを活用できるようになるだろう。

　以上から，レセプトマネジメントに関する更なる議論の深化に期待し
たい。

[注]
(1) 後述する「サービス・マーケティング」「医療マーケティング」等，アプローチ対象は様々であるが，例えば，「福祉マーケティング」は，企業寄付としての形態を担っている。

[参考文献]
Kotler, P. (1976) MARKETING MANAGEMENT: Analysis, Planning,and Control. Prentice-Hall.（稲川和男・浦郷義郎・宮澤永光（1979）マーケティング・マネジメント―機会分析と製品戦略　東海大学出版会）
Kotler, P. (1984) MARKETING ESSENTIALS. Prentice-Hall.（宮澤永光・十合晄・浦郷義郎（1986）マーケティング・エッセンシャルズ　東海大学出版会）
Kotler, P. (1991) Marketing Management. Analysis, Planning. Implememtation and Control, 7th edition, Prentice-Hall.
Lovelock, C.H. & Louren, K.W. (1999) Principles of Service Marketing and Management, Upper Saddle River, N.J.: Prentice-Hall.（小宮路雅博（2002）サービス・マーケティング原理　白桃書房）
小林三太郎（2019）『マーケティング概論―（第4章）医療管理学』村田幸則・加藤憲［編著］，同友館
近藤隆雄（1999）『サービス・マーケティング―サービス商品の開発と顧客価値の創造』生産性出版
嶋口充輝（1994）『顧客満足型マーケティングの構図』有斐閣
高橋淑郎（1997）『変革期の病院経営―医療サービスの質の向上をめざして』中央経済社
田尾雅夫（2001）『ヒューマン・サービスの経営―超高齢社会を生き抜くために』白桃書房
中島明彦（2007）『ヘルスケア・マネジメント―医療福祉経営の基本的視座［第二版］』同友館
山本昭二（2007）『サービス・マーケティング入門』日本経済新聞出版社

第8章
患者対応と国際化

8-1. はじめに

　日本政府観光局によれば，訪日外国人旅行者数は2013年に初めて1,000万人を突破し，2019年末で3,188万人にまで急増している[1]。さらに政府は2020年，訪日外国人旅行者4,000万人を目指して多言語対応の改善・強化を図っている。また，法務省の統計によれば，2019年6月末の在留外国人数は282万9,416人で前年比9万8,282人（3.6%）の増加となり過去最高となっている。永住者数も78万3,513人で，前年比1万1,945人（1.5%）の増加となっている[2]。

　このような状況を考慮すれば，今後ますます病院を受診する外国人患者が増加することは容易に理解できる。厚生労働省は，外国人患者受け入れに関する環境整備を進めている[3]が，その中に，医療機関が外国人患者を受け入れるにあたり，言語が通じないことが不安要素となっていることについて，医療通訳者や外国人向け医療コーディネーターを配置する事業を整備している。本章では，外国人患者が来院した際の窓口対応も含め，医療機関の国際化について述べる。

8-2. 医療の国際化

1. 外国人への3つの壁

　外国人が病院を受診する際に，障壁となる壁が3つある。「言葉の壁」「文化の壁」「制度の壁」である。

　言葉の壁は文字通り，日本語がわからないことで，医療従事者との意思疎通がうまくいかないことである。最初の受診受付からすでに言葉の壁があり，診察，検査，投薬，会計など，一連の過程でのコミュニケーションがうまく取れず，患者のみならず医療従事者にとっても，かなりのストレスになる。

【図8-1】在留外国人数の現状，在留外国人数（単位：万人）

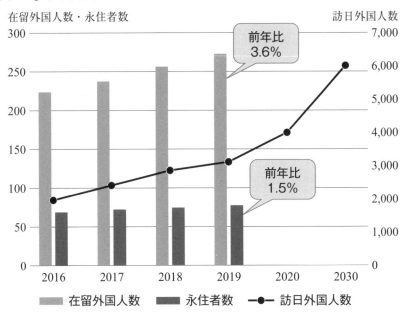

（出典）法務省【在留外国人数】（中長期在留者及び特別永住者数）
　　　　JINO（日本政府観光局）訪日外国人推移

　文化の壁とは，外国人の持つ文化と日本の文化の相違により，医療従事者との間に誤解を生じることもあり，それにより患者が不愉快に思ったり，診療がスムーズに進まなかったりすることである。医療従事者にとっては通常の診療の一部であっても，外国人には，医療システムが異なることで理解しにくいことや，宗教上の理由で男性医師には肌を見せられないなど，異文化での相互の理解が難しいことがある。

　制度の壁とは，国民皆保険制度の日本で日本の健康保険に加入していれば受けられる恩恵を，すべての外国人が受けられるわけではないことである。加入できる条件を満たしていない外国人にとっては，母国の医療・保険システムとは異なる日本の制度のもとで高額な診療費を支払う

ことにもなりかねない。

2. 病院の窓口対応の現状

　2017年愛知県外国人県民アンケート調査報告書概要版[4]によれば，外国人が日本語で困る場面の最多は，病気になった時である。日本で在住年数が長くても，病院での日本語は日常生活で使う日本語とは違い，症状などをうまく表現できなかったり，医療従事者の話す言葉も意味があまり理解できなかったりして，非常に不安であろう。

　実際，外国人患者が言葉のわかる人を同行する場合を除いて，医療機関としては，1.医療通訳者，2.機械翻訳（タブレット・翻訳機・スマートフォンのアプリケーションなど），3.外国語ができる職員で対応していると思われる。

　まず，医療通訳者については，患者の言葉の不安を取り除き，医療従事者との言葉の橋渡しをする役目をする人である。その養成も進んできているが，多言語化にはまだ十分対応できず，資格もないため職業として確立しておらず，医療機関によっては通訳者を常駐させるほどの需要もないなどの事情から雇用には至らないケースも多い。よって，勤務形態も非常勤・派遣・ボランティアなどさまざまな形となり，当然，身分の保証も不十分で，能力のバラつきが生じることも否めない。ただ，外国人集住地区にある医療機関の中には，医療通訳者の必要性を認識し，派遣で医療通訳者を依頼する所もあるが，費用がかかることと，原則，予約制のため，急な場合に対応できない不便さもある。

　次に，機械翻訳については，最近はその精度も上がっていて便利だが，誤訳のリスクがあることは常に意識しなければならない。話される日本語によっては，機械が正しく翻訳できないし，訳されたものが正しいかどうかも確かめるすべがなく，場合によってはかなり危うい。

　最後に，外国語ができる職員が対応する場合も多いと思われるが，基

本的に通訳者として採用されたのではなく，他の業務を行う職員である
ため，通訳訓練は受けていない場合が多い。定型表現であれば対応可能
かもしれないが，それ以外の場合は困難になり，結局，医療通訳者や機
械に頼ることになりかねない。語学ができる人が，通訳もできるとは限
らないことを認識する必要がある。

3.在留外国人の日本語能力

　上記のように，外国人患者への対応は，厚生労働省の後押しもあり全
国的に医療通訳者の養成も進めながら，それぞれの地域や実情にあわせ
て医療機関が何とかやっている，というのが現状かと思われる。

　一方で，在留外国人は，英語母語話者ではない人の方が多く[5]，む
しろ簡単な日本語でコミュニケーションが可能な場合も多い。さらに，
在住外国人の使用言語として，英語ができる人が44％，中国語ができ
る人は38.3％，日本語ができる人が62.6％と日本語ができる人が半数
以上いる。また文化庁が2001年に実施した「日本語に対する在住外国
人の意識に関する実態調査」[6] において，平仮名が読める人は84.3％，
片仮名が読める人は75.2％，ローマ字が読める人は51.5％，漢字が少
し読める人は48.5％，漢字が読めて意味もわかる人は19.6％，と過半
数の人が平仮名と片仮名を理解していることがわかる。

　このような状況を考慮すれば，窓口で医療通訳者が居なくても，ある
いは，英語がわからなくても，簡単な日本語で何とか対応できるように
しておくのが望ましい。もちろん，外国語のスキルがあればそれに勝る
ものはなく，本章でも後述するが，ここでは，外国語のスキルアップよ
りも手軽ですぐに実践できる「やさしい日本語」を紹介し，日本語の重
要性も再認識してほしい。

4. やさしい日本語

　「やさしい日本語」とは，1995年阪神淡路大震災の時に，外国人に情報が伝わりにくかったことの反省から考案されたもので，弘前大学の佐藤和之教授のグループが提唱している語彙や文法をコントロールしたわかりやすい日本語のことである。

　これは，「はさみの法則」という「はっきり，さいごまで，みじかく」話すという原則で，以下の5つの項目に従って作る。

①敬語（尊敬語・謙譲語）は使わず，「です・ます」で話す。外国人には，敬語は難しく，日本語の学習時も「です・ます」を使っているので，馴染みがありわかりやすい。

②漢語はできるだけ和語にする。「腹部」ではなく「お腹」，「頭部」ではなく「頭」を使うようにする。

③カタカナ英語は避ける。例えば，「トラブル」とカタカナで話したり，英語で発音したりしても通じないことが多く，「問題」という方が伝わりやすい。

④オノマトペは使わない。日本語は擬音語・擬態語が豊かな言語であるが，外国人にはとても難しく，またそのような表現そのものが存在しない場合もある。「ヒリヒリする」は，普通に「痛い」とした方がよい。

⑤何を伝えたいのかを考え，それを言葉にする。

　先述のように，在留外国人でも日本語を聞いて話すことはだいたいできる，という状況なら，簡単な日本語によってコミュニケーションをとれれば，医療通訳不足の現状を打開することができるかもしれない。

　「やさしい日本語」を使う利点としては，在留外国人の日本語の理解度に応じて説明でき，医療通訳者がいない状況で，外国語ができる職員

に通訳の役目をさせることで発生するかもしれない誤訳やミスコミュニケーションを減らせる。また，最近精度が高まっている翻訳機を使う際の誤訳リスクを軽減できる。さらに，新たな通訳の雇用や機械の購入などをする必要がないのでコストの削減にもなる。

5. 日本の医療通訳事情

　日本には，欧米のような明文の形で医療機関に外国人との言葉の壁を取り除く取り組みを義務付けた規定はない。また医療通訳の国家資格はなく，民間の機関が試験を実施して，医療通訳専門技能者・医療通訳基礎技能者，医療通訳士などと認定したり，2019年現在，学会が医療通訳者として認定する準備をしていたりと，流動的な状況である。

　資格化に向けて動きが出る以前から，各地域の団体が独自で，もしくは，地方自治体と提携して，地域の実情に合わせて医療通訳派遣事業を行ってきている。2019年現在，全国医療通訳者協会の調査[7] によれば，日本には38の自治体・国際交流協会，NPOなどが医療通訳を育成派遣している。

　2020年の東京オリンピック・パラリンピック開催（2021年に延期）に向けて，外国人患者受け入れ体制の整備が推進され，また，インバウンドで多くの外国人を日本に呼び寄せ，検診時の医療通訳サービスの需要も高まってきている。来日外国人のみならず，在住外国人も増加しており，彼らが日本で安心・安全な生活を継続していくためには，医療分野での言語サポートは不可欠であり，その重要な役割を果たす医療通訳の存在は，今後ますます需要が高まると思われる。

　医療通訳は，高度な専門知識と技能を持ち，高い職業倫理を必要とする専門職であるが，現状は，先述のとおり，社会的認知度・待遇が不十分である。また，医療機関も，医療通訳の必要性を認識していても，雇用には至らず，派遣依頼をするか機械翻訳などの利用で，何とか外国人

対応をしていると思われる。

6.まとめ

　在住外国人の日本語能力，医療通訳の現状などを考慮すれば，今後，医療機関の窓口対応として，やさしい日本語で何とかなるものは日本語で，それ以外の場合は，その通訳内容で大きく2つに分けられるであろう。①医療通訳者でなければ扱えないものと②医療従事者で対応できるもの，である。①については，診察室での診療や診断結果を伝える時に代表される「高度な医療知識と通訳技術を要するもの」であり，②については，受付での案内や検査の際の指示に代表される「一般的な案内業務や手続き的なもの」である。特に②の場合は，受付業務担当者や検査担当者などが，定型の表現で説明し，対応するということが求められるようになるかもしれない。

　外国人が現れるのは大都市だけではない時代である。彼らが医療機関受診の際には，特に，最初の受付の場での対応が重要である。そこでまず，やさしい日本語で対応可能かどうかを判断し，日本語が通じないのであれば，医療通訳の必要があることを認識する。ただ，診療科への受診案内や検査などは，定型表現で医療従事者が対応し，その先，診療室内の専門的な話は，正確性を期すためにも医療通訳を要請するなど，うまく使い分ける必要が出てくるであろう。

　以下，受診受付から診察，検査，投薬，会計に渡る一連の流れで必要と思われる英語表現を挙げる。今後の学習の参考にしてほしい。

8-3.外国人患者対応の実際

　本節では，外国人患者に対する対応事例と基本的な用語を示す。近年，翻訳ソフトや会話のためのアプリケーションが続々と開発されてい

るので，これらを積極的に活用しながら，患者対応に取り組みたいものである。

1.受付─会話での表現

(1)　この病院は初めてですか。

Is this your first visit to this hospital?

(2)　初診の受付は（　）番カウンターです。

As this is your first consultation, please go to Counter (　).

(3)　何科にかかりたいですか。

What section would you like to go to?

(4)　健康保険証をお持ちですか。

Do you have your health insurance card with you?

(5)　保険証をお持ちでないと自費診療になります。

If you don't have a health insurance card, you will have to pay the full fee in cash.

(6)　この問診票に必要なことを記入して下さい。

Please fill out this medical history form.

2.カルテ記載用語

(1)　患者：○田　○男

patient:

（2）生年月日：H17年10月8日

　　Birthday: October 8, 2015

（3）住所：

　　address:

（4）職業：

　　Profession:

（5）世帯主との続柄：家族

　　Relationship with head of household: Family

（6）傷病名：（主）急性上気道炎

　　Name of sickness: (main) acute upper respiratory inflammation

（7）診察日：2020年1月6日（初診）

　　Consultation date: January 6, 2020 (first consultation)

3.症状

（1）・昨夜より発熱　　　・ぐったりして食欲がない

　　・水分を摂取してない　・咽頭痛　咳　あり

　　・吐き気　あり　　　・ラッセル音　なし

　　・体温　38.5℃　　　・体重　14.8kg

［Symptoms］

　・Fever since last night　・Lack of appetite.

　・Haven't drunk water　・Sore throat pharyngalgia cough

・nausea +   ・rusell no sound chest.

・body temperature 38.5℃   ・Weight 14.8kg

(2) 処方・処置等

・血液検査　Na　Cl　BUN　クレアチニン

・点滴：ソリタ-T3号　200ml

　　　　プラスチックカニューレ型

　　　　静脈内留置針（標準型）（@96円）　1本

・処方

　①バセトシン顆粒　450mg

　　フスコデンシロップ　6ml

　　分3×3T

　②アルビニー坐剤（100）　2個

　　薬剤情報提供（文書）

[Prescription and treatment]

・Blood test: Na, Cl, BUN, creatinine

・Infusion: Solita-T3 200ml

　Plastic cannula type

　One intravenous indwelling needle (standard type) (@ 96 yen)

・Prescription

　①Bacetocin granules 450mg

　　Fuscoden syrup 6ml

　　3 times a day × 3 days

　②Albinie suppository (100) 2

　　Drug information provision (document)

4. 診察室

【Case 1】

患者：喉が痛くて，咳も出ます。昨夜より発熱しています。

　　　吐き気があり，ぐったりして食欲がないです。

　　　水分も何も摂取してないです。

医師：熱があり，喉も腫れています。風邪と思います。

　　　水分がとれてないので，脱水の可能性があります。点滴をしておきます。

　　　肺炎や腎炎の可能性もあるので，血液検査とレントゲン写真をとっておきます。

【conversation 1】

Patient: I have a sore throat and a cough. I have been feverish since last night.

I have nausea, and I am exhausted and have no appetite.

I haven't taken any water or anything.

Doctor: You have a fever and your throat is swollen. I think you have a cold.

Since you haven't taken enough water, there is a possibility of dehydration.

I'll put you on a drip.

I'll get you to have a blood test and X-rays taken, because there is a possibility of pneumonia and nephritis.

【Case 2】

患者：熱は下がりました。食欲もでてきました。

医師：喉の腫れも引いています。もう大丈夫ですよ。

［Examination room @ Conversation 2］

Patient: I am not feverish anymore. I have got an appetite.

Doctor: Swelling of your throat is also drawn. It is all right now.

診察日：平成21年1月9日（再診）

【症状】食欲あり，熱も下がった。

　　　　BT　体温　36.8℃

Examination date: January 9, 2009 (re-examination)

［Symptoms］Have an appetite and fever has dropped.

　　　　　　BT body temperature 36.8℃

5. 会計

（1）診察料と　（　）日分の薬代で，（　）円になります。

　　The consultation fee and medicine for (　) days comes to (　) yen.

（2）クレジットカードでの支払いは可能ですか。

　　Can I pay by credit card?

（3）お支払いは分割にされますかそれとも1回払いでよろしいですか。

　　Would you like to pay in installments or charge the full amount?

（4）この処方箋を，薬局に出して下さい。

　　Please submit this prescription to the pharmacy.

6. 症状に関する英語表現

熱　　：fever　　　　　　熱がある　　　　：I have a fever.

175

痛み ：pain	痛みがある	：I have a pain.
吐き気：nausea	吐き気がする	：I feel nauseous./I feel sick.
下痢 ：diarrhea	下痢をしている	：I have diarrhea.

体がだるい	：feel tired
食欲がない	：I have no appetite
咳が辛い	：I have a bad cough.
鼻水が止まらない	：I have a runny nose.
便秘をしている	：I have constipation.
胸が苦しい	：I have a pain in the chest.
息切れ	：I am short of breath.
動悸がする	：I have a palpitation.
喘息の発作	：I have asthma.
大変喉が渇く	：I feel so thirsty.
痒みがある	：I feel itchy.
目眩がする	：I feel dizzy.
不眠がある	：I have insomnia.
発疹が出る	：I have a rash.

7.患者対応に必要な英単語

待合室	：waiting room
受付	：reception
料金	：price/ fee
領収書	：receipt
診察室	：examination room
診察代金	：consultation fee
入院病棟	：inpatient ward

病室　　　　　　　：hospital room

保険証　　　　　　：insurance card

診察券　　　　　　：(patient) registration card

予約票　　　　　　：reservation slip, appointment slip

紹介状　　　　　　：referral, referral letter

自己負担（3割負担，2割負担，1割負担）：

　　　　　　　　　　Self-pay (30% burden, 20% burden, 10% burden)

かかりつけ医師　　：family doctor

かかりつけ薬剤師：family pharmacist

院内薬局　　　　　：In-house pharmacy, pharmacy department

院外薬局　　　　　：dispensary, dispensing pharmacy, pharmacist's office

薬袋　　　　　　　：medicine bag

先進医療　　　　　：advanced [sophisticated] medical technology, highly
　　　　　　　　　　advanced medical technology

8. 医療職の英語名

医師　　　　　　　：Doctor

歯科医師　　　　　：Dentist

薬剤師　　　　　　：Pharmacist

看護師　　　　　　：Nurse

助産師　　　　　　：Midwife

保健師　　　　　　：Public health nurse

管理栄養士　　　　：Dietitian

診療放射線技師　　：Clinical radiologist

臨床検査技師　　　：Laboratory technician

臨床工学技士　　　：Clinical engineer

理学療法士	：Physical therapist
作業療法士	：Occupational therapist
言語聴覚士	：Speech therapist
社会福祉士	：Social worker
精神保健福祉士	：Mental health worker
歯科衛生士	：Dental hygienist
義肢装具士	：Prosthetics and orthotics
歯科技工士	：Dental technician
救急救命士	：Paramedic
視能訓練士	：Orthoptist
医療事務	：medical office work
福祉事務	：welfare office work
医療秘書	：medical secretary
医療クラーク	：medical clerk
医師事務作業補助者	：medical office assistant
診療情報管理士	：health information manager (HIM)

9. レセプト関連の英語名

[医科]

診療報酬点数表	：medical service fee score table
調剤報酬点数表	：dispensing fee score table
介護報酬点数表	：table of nursing care compensation scores
基本診療料	：basic medical fee
特掲診療料	：special medical fee
初診（料）	：first visit (fee)/the fee charged for a patient's first visit
再診（料）	：re-examination (fee), return visit fee

医学管理（料）　　　: medical management (fee), medical supervision charge

処置（料）　　　　　: medical treatment (fee)

手術（料）　　　　　: surgery (fee)

麻酔（料）　　　　　: anesthesia (fee)

輸血（料）　　　　　: blood transfusion (fee)

注射（料）　　　　　: injections (fee)

投薬　　　　　　　　: medication

内用薬（内服薬，屯服薬）:

　　　　　　　　　　　oral medicine (oral medicine, dose of medicine to be taken only once, PRN)

外用薬　　　　　　　: external use medicine, medicine for external use,

薬剤（料）　　　　　: medication charge

処方（料）　　　　　: prescription (fee)

調剤（料）　　　　　: pharmacy charge, compounding fee

生体検査　　　　　　: biopsy

検体検査　　　　　　: specimen test

判断料　　　　　　　: judgment fee

採血（料）　　　　　: drawing blood (fee)

画像診断（料）　　　: diagnostic imaging (fee)

リハビリテーション（料）:

　　　　　　　　　　　rehabilitation (fee)

往診（料）　　　　　: house call (fee)/ the doctor's fee for a visit

訪問診療（料）　　　: house call medicine (fee), home medical care, home-visit medical treatment

1点=10円　　　　　: 1 point: 10 yen

特定保険医療材料料: specific insurance medical material fee

入院	: hospitalization, hospital admission
入院基本料	: hospitalization basic fee
入院食	: meals for inpatients
入院期間	: hospitalization period
薬剤情報提供（料）	: drug information (fee)
薬学管理料	: pharmacy management fee
処方箋（料）	: prescription (fee)
時間外加算	: overtime addition
休日加算	: holiday addition
深夜加算	: late-night addition
年齢加算	: age addition
所定点数	: predetermined number of points

［歯科］

抜歯	: dental extraction
欠損補綴 − 歯科	: crown prosthesis-dentistry
有床義歯 − 歯科	: plate denture-dentistry

［調剤］

調剤基本料	: basic dispensing fee
加算	: add

［参考文献及び参考URL］

観光局「年別訪日外客数，出国日本人数の推移」
　　https://www.jnto.go.jp/jpn/statistics/marketingdata_outbound.pdf（2019.12.18
　　アクセス）
法務省「令和元年6月末現在における在留外国人数について」

http://www.moj.go.jp/nyuukokukanri/kouhou/nyuukokukanri04_00083.html
（2019.12.18アクセス）

厚生労働省「外国人患者受け入れ体制に関する厚生労働省の取組」
https://www.mhlw.go.jp/content/10800000/000399662.pdf（2019.12.28アクセス）

2017年愛知県外国人県民アンケート調査報告書概要版
https://www.pref.aichi.jp/uploaded/life/249968_823877_misc.pdf（2019.12.18アクセス）

社会言語科学（2010）「生活のための日本語：全国調査」

文化庁（2001）「日本語に対する在住外国人の意識に関する実態調査」（文化庁）

一般社団法人全国医療通訳者協会（2019）「全国における医療通訳の概況」日本医師会　医療通訳団体等連絡協議会資料

第9章
日本と海外の医療制度

本章では，私たちの命と健康を守る医療保険制度について学んでいきたい。国際化が進んだ現在では，国内のみならず諸外国の医療制度についても，その概略と特徴は知っておく必要がある。

9-1. 日本の医療制度

日本の医療制度の特徴は，国民皆保険，社会保険方式，フリーアクセスである。わが国は，昭和36年（1961年）に国民皆保険を達成し，すべての国民が何らかの公的医療保険に加入している。保険事業の運営は国民の拠出した保険料を主な財源として行われる。これを社会保険方式という。また，わが国では，被保険者証1枚でいつでもどこでも医療を受けることが可能である。これをフリーアクセスという。

疾病・負傷（病気・ケガのこと）は，その多くが不測の事態であり，高額な医療費のために普段から備えておくことは不可能に近い。そのため，保障を必要とする人々がお金をあらかじめ出し合って，運営資金を確保し，必要な人に給付するという保険の仕組みが考えられるようになった。医療保険は，このような考えのもとに運営されている。

国民は，医療保険の運営資金として保険料を納付し，保険に加入している証明として被保険者証（一般に保険証と呼ばれている）が1人につき1枚交付される。医療保険を扱う医療機関を保険医療機関といい，医療保険を扱う医師を保険医という。この制度により，患者はかかった医療費の3割までの負担で済むようになったのである。

医療保険を適用する医療機関を保険医療機関と呼び，医療法により細かく規定されている。病床数が19床以下，または外来専門の医療機関を診療所といい，病床数20床以上の医療機関を病院という。

【図9-1】 日本の医療保険一覧

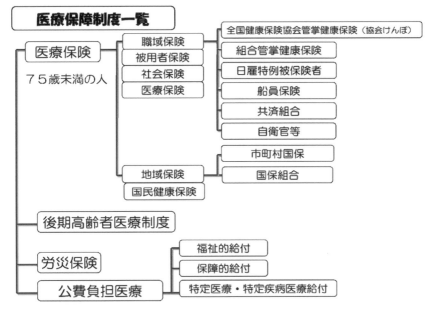

（出典）筆者作成

1.医療保険の種類

　医療保険は，職業や勤務先によって国民健康保険と社会保険（被用者保険，，職域保険，医療保険ともいう）に分類される。社会保険は社保，医保とも呼び，民間企業に勤める会社員，公務員，船員などが対象である。国民健康保険は国保とも呼び，自営業を営む者などが対象である。75歳以上になると後期高齢者医療制度の適用となる（図9-1）。

　医療保険の適用を受けるためには，保険料を納める必要がある。保険料を納める者を被保険者といい，本人とも呼ぶ。被保険者が扶養している者を被扶養者といい，家族とも呼ぶ。

（1）社会保険

　社会保険は，サラリーマン等の被用者を対象とした保険である。勤務先によって以下のように分類される。

◇全国健康保険協会管掌健康保険（協会けんぽ）

　民間の事業所に従事する事業主，従業員とその家族が対象である。常時5人以上の従業員を雇用する事業所は強制加入となる。

◇組合管掌健康保険

　民間の事業所に従事する事業主，従業員とその家族が対象である。従業員が常時700人以上の事業所，又は2以上の事業所で合わせて3,000人以上の従業員を雇用する事業所が対象である。

◇日雇特例被保険者

　日雇労働者とその家族を対象とする。就労が継続的でないため，保険料は日額で設定され，就労した日に賃金から差し引かれて納付する。

◇船員保険

　船員法に規定する船員とその家族が対象である。

◇各種共済組合

　各種共済組合員法に規定する，国家公務員，地方公務員，私立学校教職員，警察官等が対象である。

◇自衛官等

　自衛官，訓練招集中の予備自衛官，防衛大学校・防衛医科大学校・防衛省管轄の訓練学校の学生を対象とする。この保険の加入者は被保険者（本人）のみであり，被扶養者（家族）は国家公務員家族として扱われる。

（2）国民健康保険

　社会保険加入者以外の者が対象である。

◇市町村国保

市区町村が保険者となって運営する。

◇国保組合

同業種の人たちで作った組合の組合員とその家族，従業員が対象である。

（3）後期高齢者医療制度

長寿医療制度ともいい，「高齢者の医療の確保に関する法律」に基づいて運用される独立した保険である。75歳以上の高齢者と65歳以上の一定の障害者も含まれる。ただし，生活保護による医療扶助を受けている場合は対象とならない。

（4）公費負担医療制度

公費負担医療制度は，医療保険制度と並ぶ重要な保障体系の一つである。給付の性質によって福祉的給付，保障的給付，特定医療・特定疾病医療給付に分類される。

◇福祉的給付

社会的弱者，貧困者の救済を目的としている。生活保護法，児童福祉法，母子保健法等がある。

◇保障的給付

国家補償的意味を持つ給付である。戦傷病者特別援護法，原子爆弾被爆者に対する援護に関する法律等がある。

◇特定医療・特定疾病医療給付

原因が不明で治療方法が確立していない，いわゆる難病に関する給付を行う。難病法，小児慢性特定疾病医療等がある。

(5) 労災保険

労働者災害補償保険法といい，労災保険に加入している事業所の従業員が対象である。業務上（業務災害），通勤途上（通勤災害）での疾病・負傷・障害・死亡について保障が行われる。

2.保険給付と一部負担金

給付は現物給付と現金給付に大別される。

現物給付は，保険給付分を診療行為や薬剤，医療材料等で給付することである。療養の給付ともいう。患者は医療費の一部を負担するだけで済む。患者の負担する医療費を一部負担金と呼び，年齢によって以下のように割合が設定されている。

◇6歳未満（義務教育就学前）‥‥2割
◇6歳以上70歳未満‥‥3割
◇70歳以上75歳未満‥‥2割，現役並み所得者は3割
◇75歳以上‥‥1割，現役並み所得者は3割

現金給付は，現金を給付する制度で，療養費，傷病手当金，出産手当金，出産育児一時金，埋葬料，移送費等がある。療養費とは，海外での受診等，やむを得ない事情で被保険者証が使えなかった場合，患者は一旦，全額を支払い，後日保険給付分を現金で受け取る方法のことである。療養費払い，償還払いとも呼ぶ。

9-2.海外の医療制度

1.韓国の医療制度

韓国ではすべての国民が国民健康保険制度に加入する義務があり，日

本と似ているが，保険者は国民健康保険公団のみである。サラリーマン（被用者）は職場加入者，それ以外の者は地域加入者となる。日本との大きな違いは，保険診療と自由診療の併用（混合診療）が認められていることである。

　自己負担割合は以下のとおりである。

◇入院‥‥すべての医療機関で2割，食事代5割
◇外来‥‥医療機関の種類により3割～6割，薬局3割

2. 中国の医療制度

　医療保険制度の対象者は「都市部の就労者（強制加入）」「都市部の非就労者」「農村住民」の3タイプに分かれて運営されていたが，2016年に「都市部の非就労者」「農村住民」が統合され，都市職工基本医療保険（強制加入）と都市・農村住民基本医療保険（任意加入）の2本立てとなった（表9-1）。「都市・農村住民基本医療保険」は任意加入であるが，2018年末に加入者は13億4,452万人に達し，加入率は95％を超えるまでになった。中国政府は2020年までの国民皆保険達成を目標に政策を進めている。

　医療保険給付の対象となる病院および薬局は政府が指定した3～5か所の施設から被保険者が選択する。指定以外の施設を利用した場合は保障が受けられない。患者負担は医療機関の種類によって異なっており，規模の大きい医療機関ほど負担率が高い。

3. 台湾の医療制度

　台湾は，「皆保険」を達成し，全住民を対象とした医療保険制度として全民健康保険を実施している。保険者は中央健康保険局という機関のみで運営している。被保険者は職業等によって第1類～第6類に分かれ

[表9-1] 中国の公的医療保険制度の体系

制度	公的医療保険制度		
	都市		農村
	就労者	非就労者	農村住民
	都市職工基本医療保険（1951年導入、1998年制度改正）	都市・農村住民基本医療保険（2016年に制度統合を発表）[旧] 都市住民基本医療保険（2007年導入）	[旧] 新型農村合作医療保険（1959年導入、2003年制度改正）
被保険者	都市で働く企業就労者（都市戸籍・農村戸籍）自営業者・公務員など	都市戸籍の非就労者・学生・児童など	農村住民
加入形態	強制加入	任意加入	任意加入
加入者数	2億9,532万人（2016年）	4億4,860万人（2016年）	6億7,000万人（2015年）
加入状況	52.4%（現役の加入者数／都市の就労者人口で算出、2016年）	－	98.8%（国家衛生・計画出産委員会発表、2015年）
制度構造	1階：基本的な医療費の給付 2階：高額な入院費、特殊疾病通院費などを給付 個人口座：通院治療費、薬代の支払いに活用 [1階・2階とも公的医療保険基金から給付]	1階：基本的な疾病費の給付 2階：高額な入院費、特殊疾病通院費などを給付 [1階は公的医療保険基金から給付、2階は官民協働運営の大病医療保険から給付]	
保険料	1階（基本医療保険） ・事業主負担：従業員の賃金総額×8% ・従業員負担：従業員の前年平均賃金×2% 2階（高額医療保険） ・各地域で異なる	1階（基本医療保険） ・予め設定された複数の保険料から選択して納付 2階（大病医療保険） ・基本的にはなし	
保険者（給付）	1階、2階ともそれぞれの保険料を積み立てた基金から給付	1階部分は保険料を積み立てた基金から給付、2階部分は1階部分の保険料負担・基金・積立金から一定額を転用して給付	
財源	保険料、国庫、個人負担		

（出典）ニッセイ基礎研究所ホームページ
https://www.nli-research.co.jp/report/

190

ている。分娩も医療保険により給付される。

　患者負担は以下のとおりである。

◇入院‥‥定率：病床および入院期間により5%〜30%
◇外来‥‥定額：医療機関の種類で決める
◇訪問看護‥‥5%

4.ベトナムの医療制度

　医療保険は国が運営し，すべての国民がその対象者である。ベトナム
政府は，2020年までに加入率を80%に引き上げることを目標としてい
る。しかし，加入率は7割程度に留まっており，国民皆保険は達成され
ていない。保険加入率には地域によって50%〜80%程度の開きがあり，
経済格差や貧困率の高い地域の存在等の影響があると言われている。

　診察および治療にかかった費用は「国民保険基金」と「患者」が負担
する。負担割合は被保険者の種類によって異なるが，原則0〜2割程度
の患者負担である。ベトナムでは，傷病の状態によって医療機関のレベ
ルを決定する。したがって，上位レベルの病院へ患者を移送する場合の
費用も保険給付の対象である。適切なレベルの病院で治療を実施しな
かった場合は2015年から保険給付はされなくなった。

5.アメリカの医療保険制度

　アメリカでは，政府が個人に干渉しないことと州の持つ権限が強いこ
とから，国家単位の制度が浸透しにくい現状にある。

　アメリカの公的医療保障は，高齢者医療を保障するメディケア
（Medicare），低所得者を保障するメディケイド（Medicaid）であり，
医療分野には全世代をカバーする制度は存在しない。現役世代の医療保
障は民間医療保険が中心であり，2017年現在，民間医療保険加入者は

67％余りである。したがって，アメリカには無保険者が一定割合で存在しており，疾病・負傷により生活が破綻する危険性を常に抱えているといえる。

2014年の医療制度改革により，民間の医療保険を含めたいずれかの医療保険への加入義務ができたもののトランプ政権に移行後加入義務は廃止されている。医療政策の動向を今後も注意深く見守っていく必要がある。

6. ドイツの医療保障制度

ドイツは社会保険制度を取り入れており，わが国が制度整備の際に手本とした国でもある。ドイツでは，公的医療保険（GKV）と民間医療保険（PKV）の2つの制度が運用されている。

公的医療保険制度は連邦保健省の管轄であり，疾病金庫（2018年現在110金庫）が運営主体である。国民の約88％が加入している。患者負担は，入院のみ1日10ユーロ（年間28日まで），薬剤料は価格の1割である。

民間保険の加入者は国民の約12％である。加入できるのは，公務員，学生，自営業者，高所得者である。保険料，保障内容については保険会社によってさまざまである。

7. フランスの医療保険制度

フランスはドイツ，日本と同様，社会保険方式を採用しており，すべての国民は保険料の納付義務を負う。2018年現在，人口の99％が何らかの公的医療保険に加入している。職域ごとの基礎保険，学生用の基礎保険等から構成されており，地域保険（日本の国民健康保険）は存在しない。退職後も原則として退職前に加入している保険の適用を受ける。

医療費の支払いは原則として償還払いである。一旦，医療費の全額を

支払い，被保険者が払い戻しの手続きを行う。近年，カルト・ヴィタル（Carte Vitale）という被保険者証にICチップが付いていることから，カード読み取り機が導入されている病院では，患者負担分のみの支払いができるようになってきた。しかし，被保険者証が届くまで3か月ほどかかるため，その間は，加入手続き時に発行される保険加入証明書で医療保障を受けることになっている。

8.イギリスの医療保険制度

イギリスでは，保健・公的介護省が管掌する国民保健サービス（NHS）による公費負担医療が実施されている。医療は主に税金で賄われており，原則としてすべての国民に医療サービスを無償で提供している。薬剤料のみ一部負担金があるが，60歳以上，16歳未満，低所得者には負担が免除される。

受診方法はフリーアクセスではなく，国民は登録されたGPと呼ばれる一般家庭医の診察を受ける。必要があれば，GPの紹介により病院の専門医を受診することになっており，診療所と病院の機能分化が進んでいる。したがって，軽症の患者が大病院を受診することはなく，わが国とは大きく異なっている。

［引用・参考文献］
医療秘書教育全国協議会編（2017）『改訂　医療関連法規』建帛社
杉本恵申編集協力（2018）『診療点数早見表』医学通信社
厚生労働省定例報告（2018）『2018年の海外情勢報告』
守本とも子（2020）『看護職をめざす人の社会保障と社会福祉』みらい

おわりに　レセプト知識の不足

1.国民の知識不足，情報不足の現状

　健康のための知識に関する概念にヘルスリテラシーがある。ヘルスリテラシーとは，健康情報を入手し，理解し，評価し，活用するための知識，意欲，能力であり，それによって，日常生活におけるヘルスケア，疾病予防，ヘルスプロモーションについて判断したり意思決定をしたりして，生涯を通じて生活の質を維持・向上させることができるものである。

　日本におけるヘルスリテラシーは，中山（2015）によると，ヨーロッパと比較し，低い結果であった。レセプトに関する知識に言及したヘルスリテラシーの論文では，大友（2018）があるが，「レセプトとは何か知っている」の知識を問う質問紙調査において（広島市と仙台市で実施），よくわからないと回答した件数がよくわかる件数と拮抗しており，半数近くの回答者が理解していないという結果であった。

　国民の知識不足に関連した事例として，2019年の診療報酬の改定がある。2019年4月に妊婦加算が誕生したが，この加算に対して反応があったのは，新しい加算が始まってから5か月後である。それまでは特に話題とならず，SNSの書き込みが始まって拡散してから問題が浮き彫りとなった。

　点数改定の情報は2019年3月には公開されていたが，国民は3月の段階では知らなかったと考えられる。9月以降に医療機関を利用した患者のツイッターによるつぶやきによって，問題が広がり国会で取り上げられることとなった。厚生労働省が，制度に関するリーフレットを作成したのは，ツイッターで騒ぎになったあとの11月であったことから，

国民への情報伝達は十分ではなかったと考えられる。しかしながら，医療機関に勤務するレセプトに関わる事務職員は制度開始前の段階から周知しており，点数に関するプロである。ところが3月の時点で医療機関側からの問題点指摘はなかったようである。事務職の機能志向が，問題発見を遅らせていたと考えられる。

　付け加えて，2020年にパンデミックとなった新型コロナウイルスの場合では，誤った情報によりトイレットペーパーやティッシュペーパーが品切れになり，また，日本のPCR検査については，日本国内感染者数が増大している3月6日に診療報酬化された後も検査件数が増えず海外より圧倒的に少ない理由について，国民に正しい情報が伝わらないため，情報が混乱したことなどは記憶に新しい。これらは正しい情報の伝達不足が原因と言ってよいであろう。政府からは検査可能件数を3月14日に1日8,000件以上，4月6日に「1日2万件まで増やす」方針などを宣言したが，実際には1日3,000件に達する程度であったため，ネット上で炎上する現象がみられた。検査件数が増えない理由が政府から国民へ伝達されなかったことが一因である。

2.知識の必要性

　医療保険制度やレセプトについての知識はなぜ必要なのかという点について触れておきたい。

　周知のとおり高齢化の影響などで，膨大に膨らむ医療費の増大を防ぐため，国民の負担を増大させる方向で，医療制度の改革を推し進めてきた。

　そもそもレセプトや診療報酬点数表を積極的に国民に理解を促進するための特別な活動（キャンペーンなど）をしているわけではない。国民の理解が浸透せぬまま医療制度は改革されてきた。知識不足の背景には医療費の不透明な実情がある。例えば，医療機関へ通院する際に，事前

に金額を知って通院する人はほとんどいない。受付で請求されて初めて金額を知ることとなる。そのため，現代の患者で，何でいくらかかるのかを知っていて，受診する国民はいないといってよい。レストランで食事をする際には，先にメニューを見て金額を知り，購入するのが当たり前である。ところが，医療福祉分野は異なる。サービスを先に受けてから，金額を知るという逆順になっている。金額不明のままサービスを受けるシステムが当たり前のようになっているのは保険制度で負担を低く守られているからである。しかし，近年は自己負担率が大きくなり，保険制度を正常に運営していくためにも国民がコスト意識を持たなければならない時代になっている。周知のとおり，これまでの医療改革では，徐々に国民の負担を増える方向で調整されてきた。

　高等学校までの学校教育では，医療機関通院の仕方，医療保険の仕組みを学ぶ機会はなく，高等教育機関である大学や専門学校等のうち，医療系の専門教育を受ける機会がある一部の者以外は，診療報酬を知る機会がない。

　国民の医療費に対するコスト意識を高めるには，医療費に関する仕組み，保険制度に関する根本的な理解が必要である。患者が過剰に湿布薬をもらってしまうことが，どういった影響を与えるのかということについて，保険制度を踏まえた理解がされているとは考えにくい。

　レセプトは誰のためのものかという議論は，カルテは誰のためのものかという議論と同じように，立場によって大きく見解が異なってくる。医療機関経営のためのものであるという感覚はカルテよりも強いかもしれない。周知のとおり，診療報酬の算定には，医療機関側の負担，評価が点数に反映されているからである。健康保険法の第1条の目的は「疾病，負傷若しくは死亡，出産に関して保険給付を行い，もって国民の生活の安定と福祉の向上に寄与することを目的とする」と掲げているように，保険制度では明確に国民のためのものとしている。保険制度の仕組

196

みからレセプトは誕生し，活用されていることを考えると，レセプトは国民のためのものと考えるべきなのは言うまでもない。

　点数化されている仕組みを，誰が国民に伝えるべきなのか，それはその専門性を持つ職業人に委ねられると考えてはいかがであろうか。その職業とは，医療，福祉系の事務職をはじめとする算定者であろう。

［参考文献］

NHK政治マガジン
　　https://www.nhk.or.jp/politics/articles/feature/12802.html（2019年5月10日閲覧）

NHK「新型コロナどう増やす?PCR検査」
　　https://www.nhk.or.jp/gendai/articles/4410/index.html（2020年4月30日閲覧）

大友達也・黒野伸子（2018）「健康自己管理の地域差に関する研究　広島県と宮城県の分析より」『医療福祉研究』11号

産経新聞「安倍首相PCR検査，今月中に8000件に増強」
　　https://www.sankei.com/politics/news/200314/plt2003140011-n1.html（2020年4月29日閲覧）

新型コロナ騒動から考える日本人の「ヘルスリテラシー」
　　https://www.nippon.com/ja/in-depth/d00551/（2020年4月14日閲覧）

中山和弘（2014）「ヘルスリテラシーとヘルスプロモーション，健康教育，社会的決定要因」『日本健康教育学会誌』22（1）

Buzz Fixer「村中璃子が情報番組に出演コロナ注意喚起→炎上」
　　https://hzrd97.info/archives/17137（2020年4月30日閲覧）

2021年4月10日　第1刷発行

レセプト管理論

監　修　　一般社団法人
　　　　　日本レセプト学会

著　者　　大　友　達　也
　　　　　小　熊　英　国
　　　　　加　藤　淳　子
　　　　　黒　野　伸　由
　　　　　酒　井　一　由
　　　　　坂　本　ひ　と　み
　　　　　住　谷　剛　博
　　　　　内　藤　道　夫
　　　　　服　部　し　の　ぶ

発行者　　脇　坂　康　弘

発行所　　株式会社 同友館

〒113-0033 東京都文京区本郷 3-38-1
TEL.03(3813)3966
FAX.03(3818)2774
https://www.doyukan.co.jp/

落丁・乱丁本はお取り替えいたします。　　　　三美印刷／松村製本所
ISBN 978-4-496-05537-9　　　　　　　　　　Printed in Japan